LAS MEJORES RECETAS PARA SER UN TOP CHEF

LAS MEJORES RECETAS PARA SER UN TOP CHEF

TRUCOS, CONSEJOS Y PLATOS PARA CONVERTIRSE EN UN AUTÉNTICO MAESTRO DE LA COCINA

temas de hoy.

Diseño de interior: Rudesindo de la Fuente

Una licencia de ATRESMEDIA para Temas de Hoy
Basado en el programa *Top Chef* de Bravo Media LLC
Producido en asociación con NBCUniversal International Television Production

ANTENA 3 Boomerang TV NBCUniversal International Television Production

Ediciones Temas de Hoy es un sello editorial de Ediciones Planeta Madrid, S. A.
Paseo de Recoletos, 4, 28001 Madrid
www.temasdehoy.es
www.planetadelibros.com
Primera edición: octubre de 2013
ISBN: 978-84-9998-343-1
Depósito legal: M. 25.081-2013
Preimpresión: Safekat, S. L.
Impresión: Unigraf, S. L.

Printed in Spain-Impreso en España

Índice

Introducción

El formato

Top Chef es un formato televisivo de fama internacional que arrancó en Estados Unidos en 2006, con un gran éxito de audiencia, por lo que se han producido ya diez temporadas. Ha obtenido numerosos premios tanto en América como en el resto de los lugares donde se ha emitido, destacando entre todos ellos dos Emmy, galardones para los que ha estado nominado en varias ocasiones.

El éxito del programa se ha trasladado a más de diez países en los que ha cosechado unos excelentes resultados de audiencia, crítica y premios.

El programa

Top Chef es un *talent show* de cocina en el que varios profesionales, que ya trabajan en el sector de la restauración, se enfrentan durante varias semanas por convertirse en el Top Chef de nuestro país. Los cocineros, jóvenes y no tan jóvenes, tienen que convencer de sus aptitudes culinarias a un jurado compuesto por tres expertos chefs de gran prestigio. Las pruebas incluyen difíciles giros sorpresa que ponen al límite las capacidades de unos experimentados concursantes que no están en *Top Chef* para aprender, sino para demostrar sus habilidades.

La idea

Tras un duro *casting,* quince cocineros profesionales luchan con el único objetivo de alzarse con el título de Top Chef y obtener un gran premio económico para poder invertir en su propio restaurante.

Pero no es una guerra de cocina fácil. Los concursantes deben enfrentarse a retos increíbles e inesperados y convencer de sus capacidades culinarias al jurado.

Todos luchan por permanecer en la competición, pero cada semana uno de ellos se quedará en el camino. ¿Quién se alzará con el título de Top Chef?

El jurado

El programa está capitaneado por Alberto Chicote, que, junto a Ángel León y Susi Díaz, son los jueces que evalúan a los cocineros que compiten. Además, David de Jorge, conocido popularmente como Robin Food por su exitoso programa en el canal autonómico ETB, participa habitualmente en *Top Chef.*

Las fases

Los concursantes luchan en pruebas individuales y grupales por permanecer en el certamen, pero cada semana uno de ellos debe abandonar la competición.

LA PRUEBA DE FUEGO

Los aspirantes compiten individualmente en la prueba de fuego para obtener la inmunidad y unos privilegios que aseguren su continuidad en el programa.

Es una estresante contrarreloj que aporta grandes ventajas al vencedor. No se trata solo de habilidades culinarias, sino de estrategias.

LA PRUEBA GRUPAL

Los concursantes tienen que cocinar en grupos sin perder de vista el reloj en un sorprendente reto que pone a prueba sus habilidades culinarias.

Invitados famosos, los más duros comensales anónimos y el jurado del programa catan y valoran sin piedad sus platos. El equipo peor valorado lucha por salvarse en la última oportunidad.

LA ÚLTIMA OPORTUNIDAD

Llega el momento decisivo. Los concursantes del grupo que ha tenido menos puntuación deben jugarse su permanencia en una última prueba. Aquí compiten de nuevo de manera individual en un reto concreto que desconocen y con un tiempo máximo.

Al final, tienen que someterse al temido veredicto del jurado. El eliminado debe recoger sus cuchillos y abandonar *Top Chef.*

Después de las pruebas los participantes comparten espacios comunes donde comentan lo sucedido en el día. Porque el concurso no es solo un programa de cocina y no se trata simplemente de demostrar las habilidades como chef, sino de saber trabajar en equipo...

El aspecto culinario es un ingrediente más.

El jurado

Alberto Chicote

Cada vez más popular por su participación en *Pesadilla en la cocina*. Su nombre se ha convertido en sinónimo de exigencia máxima y buen hacer, donde no caben las excusas. Pero al mismo tiempo ha mostrado un lado humano que conecta tanto con la gente a la que ayuda, como con el espectador. Es uno de los pioneros en mezclar la cocina tradicional con la nueva tecnología. Y el pionero de la cocina de fusión española y oriental. Comenzó a estudiar hostelería a los diecisiete años y pronto empezó a trabajar en los mejores restaurantes de Madrid: Lúculo, Zalacaín, La Taberna de Liria y El Cenador de Salvador.

Tras su periodo de formación, dirige la cocina del Cenachero, donde pone en marcha su etapa más reinterpretativa. Tres años más tarde afronta la dirección gastronómica del restaurante Nodo, un proyecto para fusionar la cocina española y la japonesa que afianzó su reconocimiento como chef. Más tarde compaginó la coordinación de Nodo con un restaurante de la misma propiedad pero diferente perfil gastronómico, Pandelujo, demostrando así su capacidad para afrontar diferentes líneas culinarias.

El talento de Chicote ha sido reconocido con numerosos galardones. En 2006, la asociación madrileña de restaurantes y cafeterías le otorgó el premio al Mejor Cocinero del Año. Además, la revista de *El Mundo* concedió a Pandelujo el premio al Mejor Restaurante del Año en 2010 y a Chicote el de Mejor Cocinero en el año 2009.

En televisión ha participado en diferentes espacios del Canal Cocina y del Canal Caza y Pesca y ha colaborado en programas de temática culinaria en varias cadenas generalistas. En 2008 protagonizó *El pollo, el pez y el cangrejo real*, documental que obtuvo una nominación a los Goya. En 2012 debutó en La Sexta con *Pesadilla en la cocina*, espacio de gran éxito y en el que no solo destacó como chef, sino como emprendedor y *coach* para reflotar los negocios al borde del cierre.

Ángel León

Muy respetado por sus compañeros y un apasionado de la investigación en continua evolución. Cree en el trabajo duro, en silencio, sin gritos. Muy cercano y sin necesidad de ningún tecnicismo. Es el contrapunto amable frente a otros miembros del jurado.

Flamante ganador del Premio Nacional de Gastronomía, prestigioso galardón entregado por la Real Academia de Gastronomía y del que se han hecho eco todos los medios de comunicación.

Ángel León no creció rodeado de cocineros; su vocación le llega un poco más tarde. Tras finalizar sus estudios en hostelería y cocinar para los más prestigiosos restaurantes de Francia y España, regresó a su Atlántico. Y es que a este joven chef gaditano le gusta que le llamen el chef del mar.

En su restaurante Aponiente es donde comienza a experimentar con todo lo que el océano puede ofrecerle. Se atreve a cocinar con lo que muchos rechazaban: en su laboratorio de investigación trabaja con fitoplancton que cultiva en su propio huerto marino, utiliza huesos de aceituna como carbón orgánico y reinventa los embutidos ibéricos pero desde el mar.

En 2010 consigue una estrella Michelin, y ese mismo año Aponiente es elegido por *The New York Times* entre los diez mejores restaurantes del mundo. Un año después, *The Wall Street Journal* lo considera uno de los diez mejores de Europa. Ha obtenido numerosos e importantes reconocimientos nacionales e internacionales por su constante investigación y es considerado por la crítica como uno de los chefs que dará más que hablar en nuestro país.

Susi Díaz

Susi Díaz es, desde hace treinta años, la propietaria y chef del restaurante La Finca, en Elche. Desde muy pequeña ha estado unida a la cocina gracias a sus dos abuelas, que además la educaron en los valores del esfuerzo y la tenacidad. Sin haber pisado una escuela de cocina, se enorgullece de ser autodidacta y su trabajo la ha llevado a conseguir un gran prestigio profesional y el reconocimiento de la crítica.

Su carta se caracteriza por cítricos, hierbas aromáticas y flores cultivadas en su jardín, con los que acompaña pescados y mariscos autóctonos. La creatividad e innovación presentes en sus fogones quedan patentes en su forma de combinar los sabores tradicionales con las últimas tendencias de la cocina internacional. Todo ello la llevó a conseguir, y mantener año tras año desde 2006, una estrella Michelin y dos soles en la guía *Campsa*.

Susi Díaz colabora desde hace más de diez años en diferentes programas de radio y televisión, como *A vivir que son dos días*, de la Cadena Ser, o *Proteína marina* y *Si las quieres las comes*, de Canal Cocina. Su restaurante obtuvo en 2009 el premio al restaurante del año concedido por la guía *Almanaque gastronómico*. Parte de este trabajo y amor por la cocina han sido plasmados en su libro *Sentidos*.

En 2012 logró el reconocimiento al Profesional Innovador de su ciudad por sus valores, cualidades creativas y capacidades innovadoras y en 2013 recibió el galardón de Ilicitanos en la Onda como distinción a su trayectoria profesional.

Los concursantes

Antonio Arrabal

32 años / Burgos

Antonio Arrabal es aragonés, aunque lleva mucho tiempo afincado en Burgos. Aprendió a cocinar gracias a su madre, y tras su paso por la escuela de hostelería ha continuado formándose e innovando. Jefe de cocina en el hotel Abba de Burgos desde los veintidós años, define su cocina como de mercado con toques creativos.

SU SUEÑO: tener su propio restaurante, donde se sienta a gusto y pueda disfrutar de su familia.

Bárbara Amorós

43 años / Valencia

Bárbara sintió desde muy pequeña auténtica pasión por la cocina y decidió estudiar en la prestigiosa escuela Le Cordon Bleu en París. Tras una etapa como profesora de la escuela Telva en Madrid, regresó a su Valencia natal. Actualmente tiene su propia empresa de *catering*, trabaja como cocinera a domicilio y es asesora gastronómica en dos restaurantes en Nueva York.

SU SUEÑO: tener su propio programa de cocina y un multiespacio gastronómico en Valencia.

Antonio Canales

35 años / Tarragona

Desde 2011 es chef ejecutivo de Finca Fuentepizarro. Ha sido dos veces semifinalista a Cocinero del Año. Antonio empezó a trabajar en este mundo para comprarse una moto, pero entonces comenzó su vocación y siempre ha trabajado junto a grandes chefs. Cree que ha llegado el momento de desarrollar su propio estilo de cocinar y ser conocido.

SU SUEÑO: dar un salto a primera división y crear su propio restaurante donde desarrollar todo su potencial.

Begoña Rodrigo

37 años / Valencia

Begoña es una cocinera autodidacta que abandonó los estudios de Ingeniería Industrial por su verdadera pasión. Durante años se ha formado en Londres, Ámsterdam y Tailandia. Pero no tener una formación convencional no le ha impedido montar su propio gastrorrestaurante en Valencia, La Salita. Define su cocina como muy personal. Todas las semanas está inventando y cambiando el menú.

SU SUEÑO: abrir un restaurante en el campo con poquitas mesas.

Borja Letamendia

45 años / San Sebastián

Borja nació en una familia donostiarra muy sibarita, donde aprendió a amar la comida desde muy pequeño. Se ha convertido en un cocinero autodidacta con más de diecinueve años de experiencia. Su trabajo y formación le han llevado a México y Londres, donde trabajó en el prestigioso restaurante Fat Duck. Hoy tiene su propia empresa de *catering* y viene a *Top Chef* a demostrar a todo el mundo que es el mejor.

SU SUEÑO: abrir un restaurante de cocina tradicional, utilizando las técnicas más vanguardistas.

Eduardo Sánchez

48 años / Madrid

Eduardo no quería estudiar y con solo catorce años comenzó a trabajar entre fogones con su padre. Actualmente compagina la docencia en la escuela de cocina de Moratalaz con su trabajo como jefe de hostelería en el Ministerio de Defensa. Se siente más cómodo cocinando para doscientas personas que para veinte. Lo suyo es la cocina de antes, nada molecular.

SU SUEÑO: ganar para que sus hijos se sientan orgullosos de él.

Elisabeth Julliane

33 años / Menorca

Elisabeth proviene del agroturismo, lo que la lleva a hacer cocina de proximidad. En Menorca cultiva sus propias verduras, que después utiliza en sus platos, y también cría sus corderos. Desde hace seis meses tiene un restaurante en dicha isla. Ha sido galardonada con el Premio a la Igualdad en la Cocina por su lucha contra la discriminación en este gremio.

SU SUEÑO: plasmar en su restaurante la filosofía sobre la igualdad entre mujeres y hombres en la cocina.

Enrique Lozano

63 años / Sevilla

Enrique se jubiló hace siete años tras más de cuarenta trabajando en las cocinas más prestigiosas de Sevilla, como el clásico hotel Alfonso XIII. Gracias a esta trayectoria se ha convertido en un personaje muy conocido en los círculos gastronómicos andaluces.

SU SUEÑO: poner un broche de oro a su carrera con *Top Chef*.

Erika Domínguez

28 años / A Coruña

Erika tuvo que compaginar sus estudios de cocina con los de Química, porque su familia no quería que fuera cocinera, así que se preparó a escondidas. Trabaja en el restaurante La Solana. Cuando a este pequeño establecimiento le dieron una estrella Michelin, Erika lo vivió como un logro personal.

SU SUEÑO: montar su propio restaurante. *Top Chef* es la forma de conseguirlo.

Hung Fai

40 años / Hong Kong. Bilbao

Hung Fai nació en Hong Kong, pero se ha criado entre Madrid y Bilbao desde que llegó a España en 1982. Actualmente, trabaja como jefe de cocina en el hotel Igeretxe. Su especialidad es la cocina japonesa y cantonesa. Hung Fai es un habitual de programas de televisión y ha publicado su propio libro de cocina.

SU SUEÑO: abrir un restaurante que fusione la cocina oriental y la vasca, El Txino con Txapela.

Iván Hernández

22 años / Ávila

Iván es el benjamín de los concursantes de *Top Chef*. Con solo veintidós años ya se ha convertido en un joven prodigio de la cocina y trabaja como chef mánager del restaurante El Rondón, en Ávila, y como asesor gastronómico. Ambicioso y competitivo, viene a ganar. A pesar de haber pasado por la escuela de hostelería se considera un autodidacta. Ha ganado veintisiete de los treinta concursos a los que se ha presentado.

SU SUEÑO: montar un restaurante que se ponga de moda.

Javier Estévez

30 años / Madrid

Javier es un joven genio, reconocido por chefs y crítica como uno de los mejores cocineros de España. A sus treinta años ya es un cocinero consolidado y le auguran un futuro de éxitos. En la actualidad trabaja como jefe de cocina en El Mesón de Doña Filo, en Colmenar del Arroyo, y también es asesor gastronómico.

SU SUEÑO: montar su propio restaurante y dedicárselo a su familia porque sin ellos no sería nada.

Jesús Almagro

40 años / Madrid

Jesús Almagro ha pasado por las cocinas de los mejores restaurantes nacionales, como La Terraza del Casino, Zalacaín o Villamagna, y ha sido galardonado en los concursos más prestigiosos, siendo clasificado en el afamado Bocuse d'Or. Define su cocina como mediterránea en continua evolución. Forma parte del grupo de atletismo Running Chefs, entre los que también está Paco Roncero.

SU SUEÑO: ganar el premio de *Top Chef*.

Miguel Cobo

29 años / Santander

Miguel fue un muchacho rebelde hasta que la cocina y los fogones entraron en su vida. Hoy está al frente del restaurante familiar, ahogado por la crisis económica. Anteriormente ha desarrollado una prolífica carrera profesional de más de nueve años en restaurantes de primera categoría. En 2012 fue nombrado el Mejor Cocinero de Castilla y León. Un chico sensible detrás de su pinta de tipo duro.

SU SUEÑO: dar un cambio al restaurante familiar.

Vicente Cubertorer

25 años / Valencia

Vicente es un joven prodigio: a su temprana edad ya es gerente de cocina de MotoGP. Criado en una familia humilde, decidió dedicarse a la cocina porque quería tener una vida mejor que sus padres. Vicente ha superado una minusvalía en su brazo derecho con la que nació, gracias a su esfuerzo y su afán de superación.

SU SUEÑO: viene a *Top Chef* para demostrar que es el mejor.

EN LA COCINA

UTENSILIOS

DESPENSA

TÉCNICAS

BASES

EMPLATADOS

Utensilios

Para dominar estas recetas hay que contar con los electrodomésticos y utensilios básicos necesarios en cualquier cocina, como horno, vitrocerámica o inducción, nevera, congelador, cuchillos, tabla de cortar, ollas y sartenes, cucharas y espátulas, entre otros. Pero para superar los retos culinarios propuestos y convertirse en un auténtico Top Chef, nunca deben faltar los siguientes utensilios:

ABRIDOR DE OSTRAS
Herramienta que facilita la apertura de las ostras de forma segura y sencilla.

AROS Y MOLDES
Imprescindibles para montar tus platos. Puedes elegir entre diferentes formas, diámetros y materiales; los más comunes son de acero inoxidable.

BÁSCULA
De precisión para pesar los ingredientes.

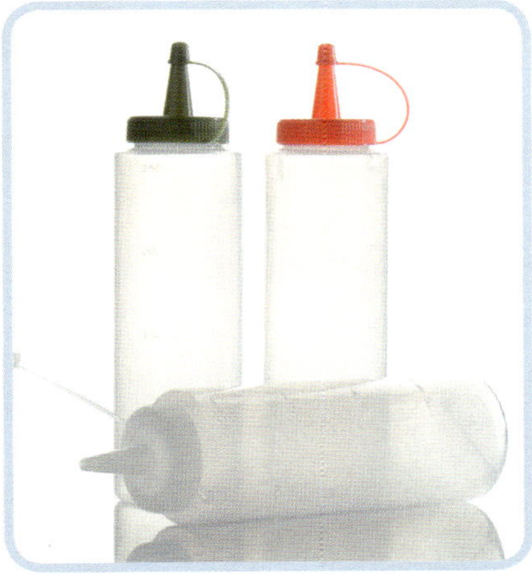

BIBERONES Y JERINGUILLAS

Indispensables para decorar un plato, para aliñar con la cantidad justa o para conservar salsas.

CORTAPASTAS

Utensilio de acero inoxidable de diversas formas para cortar las masas.

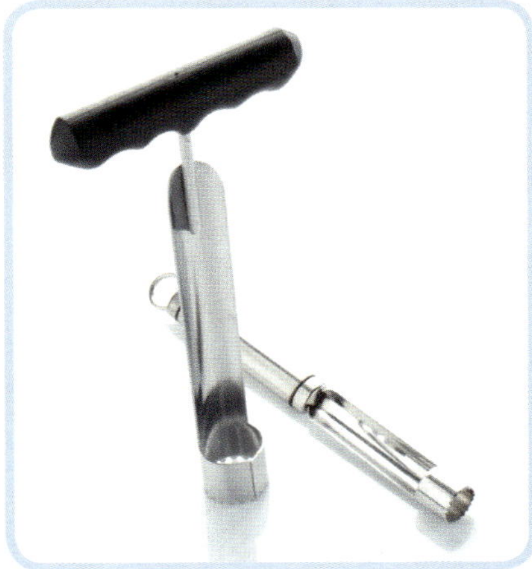

DESCORAZONADOR

Para sacar el corazón a las frutas y conseguir resultados más creativos en tus platos.

ESPALMADERA

Se utiliza para reducir o aumentar el grosor, golpeando la pieza, y para ablandar carnes y pescados antes de cocinarlos.

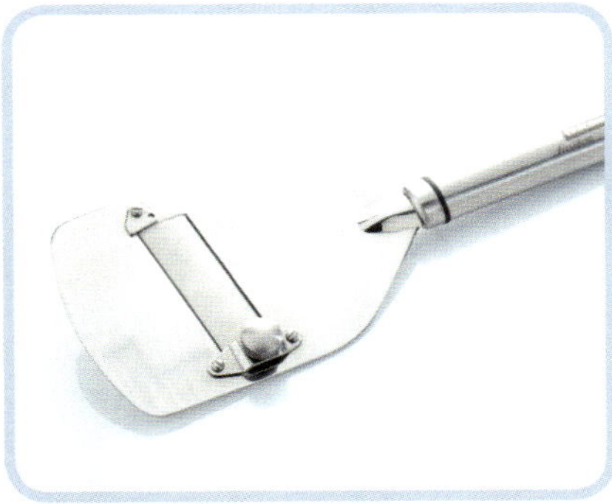

LAMINADOR DE TRUFAS

Para rayar y laminar trufas de forma sencilla y segura.

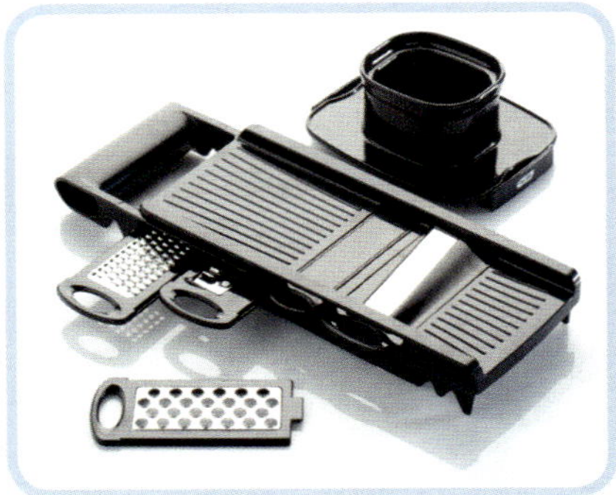

MANDOLINA

Para cortar con precisión y de forma uniforme frutas y verduras. Debe manipularse con cuidado.

MÁQUINA PARA HACER PASTA

Sirve para elaborar pasta fresca en casa.

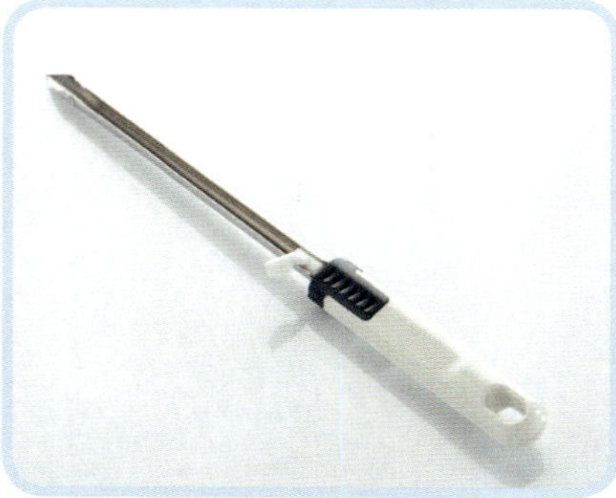

MECHADOR

Abre y rellena orificios en la carne introduciendo ingredientes, sobre todo tocino, que aporten jugosidad y sabor.

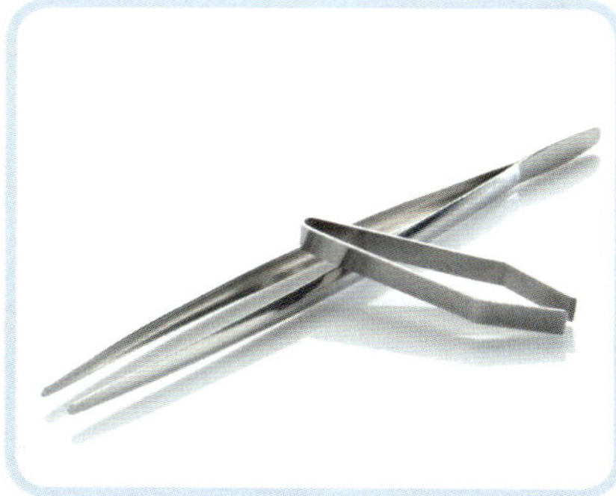

PINZAS DE EMPLATADO Y PINZAS PARA ESPINAS DE PESCADO

Para manipular con cuidado ciertos alimentos y añadir detalles delicados a los platos como flores, germinados, etc. Las de pescado sirven para retirar las espinas antes de cocinarlos.

PULVERIZADOR

Se utiliza normalmente para rociar aceite sobre los platos y darles un toque final brillante.

SACABOLAS

Sirven para extraer bolas de alimentos, frutas, verduras, patatas, mantequilla, etc.

SAUTE

Es una combinación de una cazuela y una sartén que se utiliza para saltear, pochar, freír. Es muy versátil e imprescindible.

SIFÓN

Creado por Ferran Adrià, permite elaborar fácilmente espumas, dulces o saladas, que acompañen los platos y les den un toque más profesional.

SOPLETE

Funciona con gas de mechero y sirve para caramelizar, quemar azúcar, tostar vegetales, quemar pelillos, etc.

TELA DE SILICONA PARA HORNO

Láminas antiadherentes para hornear. También puedes utilizar papel vegetal o papel sulfurizado.

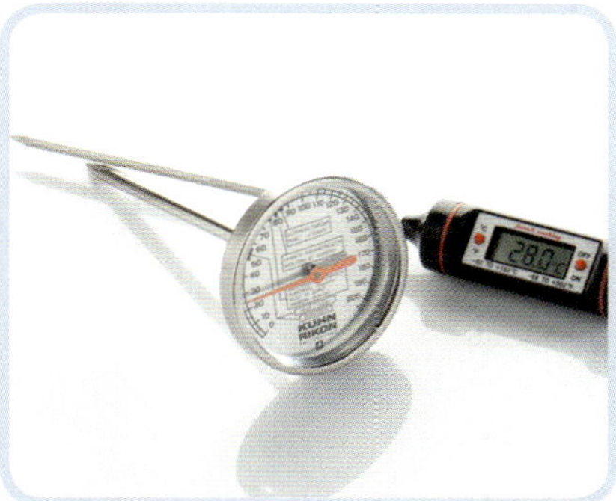

TERMÓMETROS

Sirven para conseguir el punto exacto de cocción en las carnes o conocer la temperatura del aceite. Otros miden la temperatura de salsas con huevo, como la salsa inglesa, o para conocer la temperatura del interior del horno.

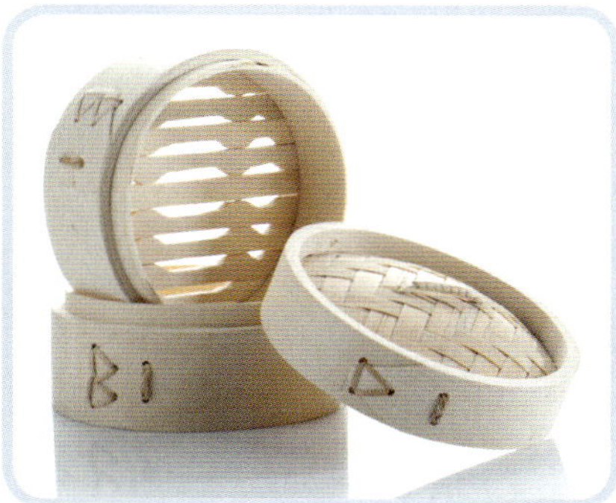

VAPORERA

Se utiliza para preparar platos al vapor.

WOK

Originario de China, es una sartén ligera y profunda para freír, saltear o cocinar al vapor junto con la vaporera.

Despensa

Para elaborar estas recetas es aconsejable que no falte en tu cocina una buena base de ingredientes.

EN LA DESPENSA

Anís
Azafrán
Canela
Clavo
Comino
Guindillas
Laurel
Nuez moscada
Orégano
Pimentón dulce
Pimienta blanca
Pimienta negra
Romero
Tomillo
Vainilla

Aceite de oliva virgen extra
Aceite de girasol
Aceite balsámico
Vinagre de jerez

Ajos
Cebollas
Patatas

Azúcar
Miel

Harina de trigo
Maicena

Arroz
Pasta
Fideos

Conservas de pescado: anchoas, atún, bonito...
Conservas vegetales: guisantes, habitas...

Sal
Sal en escamas
Sal gorda

Setas deshidratadas

Salsa de soja
Mostaza
Mayonesa

Chocolate negro
Chocolate en polvo

Frutos secos

Vino blanco
Vino tinto
Brandi

EN LA NEVERA

Huevos

Leche entera
Leche semidesnatada
Mantequilla
Nata líquida
Queso parmesano
Queso
Yogur natural

Limones
Naranjas
Otras frutas

Caldo de jamón
Caldo de pescado
Caldo de pollo

Salsa de tomate

Fondos de ave y pescado congelados

Si aspiras a convertirte en un Top Chef, lo ideal es contar además con algunos ingredientes que darán un toque especial a los platos y, además, servirán para decorarlos y darles un aspecto propio de alta cocina.

ESPECIALES

Colorantes varios
Sales de varios aromas
Regaliz
Pipas
Semillas (sésamo, amapolas, etc.)
Tofu
Seitán
Agar-Agar
Jengibre
Alga nori
Algas deshidratadas
Lemongrass
Cardamomo
Pasta de curry (roja y verde)
Cúrcuma
Wasabi
Cilantro
Pasta wonton
Leche de coco
Mirin - Vinagre de arroz

Técnicas

Para conseguir que los productos tengan el sabor, la textura y color u olor deseados, se debe conocer algunas técnicas básicas de cocina. Junto con ellas y algo de creatividad y cariño, ningún plato se resistirá.

CARAMELIZAR

Caramelizar, como su nombre indica, es cubrir con caramelo. Básicamente se elabora con azúcar puesto al fuego hasta que esté dorado. Se introduce el alimento en el caramelo y se recubre de este.

El caramelizado es una técnica que se usa básicamente en postres. Se pueden caramelizar moldes para hacer tartas o flanes, púdines, etc.

Para evitar que el caramelo se cristalice se añade zumo de limón o vinagre. Si se desea obtener un caramelo más elástico, se puede agregar glucosa al azúcar y dejar hasta que esté dorado.

Otra forma de caramelizar es extender azúcar sobre la superficie de un alimento y quemarlo con un soplete o bien con una pala de quemar al rojo vivo.

También se denomina caramelizar a cocinar ciertos alimentos que ya contienen azúcares y caramelizan con la acción del calor, como la cebolla.

Los frutos secos o frutas frescas nunca caramelizan igual, ya que tienen un alto contenido en agua.

CLARIFICAR

Clarificar es quitar las impurezas de un caldo mediante claras de huevo y verduras. Opcionalmente, se puede añadir carne de ternera picada, hasta dejarlo transparente y limpio de color dorado.

CONFITAR

Confitar un alimento consiste en introducirlo totalmente en grasa. Esta puede ser aceite de oliva, vegetal, grasa de pato o grasa de cerdo. Aparte del sabor de la propia grasa, se lo puede aromatizar con especias, hierbas, cítricos, etc. Normalmente, se confitan verduras, carnes y pescados.

Se ponen en una bandeja o en un cazo a fuego muy lento, entre 70 y 90 °C, dependiendo del alimento.

Antes se utilizaba para conservar, pero hoy también se confitan alimentos envasados al vacío, con lo que la cantidad de grasa que se utiliza es inferior a la usada de manera tradicional. Para esto hay que introducir en la bolsa el alimento junto con la grasa escogida, especias o lo que queramos usar, salpimentar, cerrar la bolsa y meterla en un Roner con agua a baja temperatura o bien en un horno cubierto de agua.

MECHAR

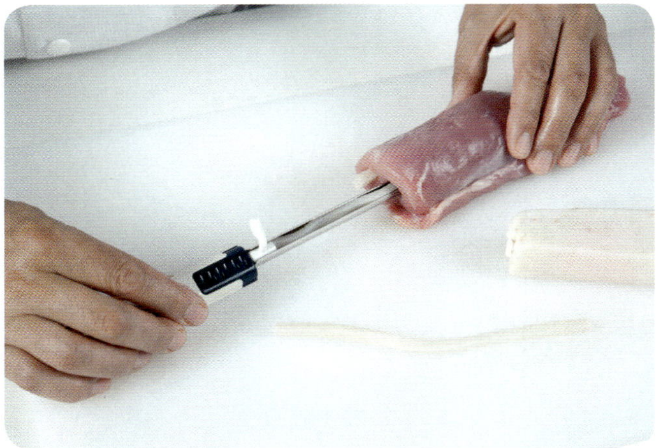

Mechar es meter un alimento dentro de otro con el fin de proporcionar más sabor y jugosidad. Los alimentos más utilizados son los grasos, normalmente tocino o panceta, que introduciremos casi siempre en pescados y carnes.

No es tan habitual, pero se puede mechar con tiras de verduras o con mantequillas aromatizadas y, previamente congeladas, con tiras de ahumados.

Si se quiere, por ejemplo, mechar solomillo con tocino ibérico, primero hay que cortar este en tiras del mismo tamaño que la pieza a mechar. Luego hay que clavar el mechador en la pieza de carne sin el tocino, retirar y meter el tocino en el mechador. A continuación, y por el mismo orificio ya hecho, se vuelve a introducir el mechador, se presiona la palanca y se retira. Así se queda el tocino dentro de la pieza de carne. Se puede repetir la operación tantas veces como se quiera.

REDUCIR

Reducir consiste en hervir un líquido o salsa hasta que tenga la consistencia deseada. Normalmente, se realiza a fuego vivo.

Hay salsas en las que intervienen varias reducciones. Por ejemplo, una especial para dar un toque agridulce y brillo a un plato es hervir miel junto con vinagre. Se deja en el fuego hasta que comience a caramelizar y luego se añade jugo de carne hasta tenga la consistencia deseada.

PAPILLOTE

El papillote consiste en cocinar un alimento envuelto en papel alimentario, como el sulfurizado, introducirlo en el horno y cocinarlo con su propio jugo y el vapor que genera, con lo que queda todo el sabor y aroma en el interior.

Si se quiere, por ejemplo, hacer en papillote una caballa sobre una juliana de verduras (zanahoria, puerro calabacín, tomillo, laurel...), se puede poner por encima del pescado limón, unas láminas de ajo, perejil, unos granos de pimienta, sal y un hilo de aceite de oliva (o prescindir de él si no se desea cocinar con nada de grasa).

A continuación se envuelve en papel sulfurizado y se sella con una segunda capa de papel de aluminio para dar más consistencia a la envoltura. Luego se coloca en una bandeja con un poco de agua y se introduce en el horno a 180 °C durante unos 20 min. El tiempo dependerá del tamaño, en este caso, de la caballa.

No es aconsejable usar directamente el papel de aluminio, ya que desprende partículas de aluminio en el alimento.

Bases

Para facilitar el trabajo en la cocina y ahorrar tiempo a la hora de preparar un plato, conviene tener preparadas y conservadas en la nevera o el congelador algunas recetas base, una *mise en place* casera. Se pueden elaborar en casa o comprarlas: todo depende del tiempo que se tenga y del dinero que cada uno quiera gastar. Es más recomendable prepararlas en casa.

CONSOMÉ

INGREDIENTES

- 100 g de carne picada
- 1 zanahoria
- 1 puerro (solo la parte blanca)
- 1 ramita de apio
- 1 tomate
- 3 claras de huevo
- 3 l de caldo

Lavar y picar las verduras en dados medianos y batir las claras. Juntar las claras con las verduras y la carne.

Poner el caldo al fuego. Cuando esté caliente, pero no hirviendo, añadir la mezcla de las verduras y la carne. Remover con una pala de madera, raspando el fondo de la olla para que no se agarren las claras, hasta que empiece a hervir. En ese momento, bajar el fuego al mínimo. Las claras subirán y arrastrarán todas las impurezas

Hacer un pequeño hueco en el centro para que pueda hervir. Dejar al fuego durante 30 o 40 min, aproximadamente.

Para que quede un color más rubio se pueden tostar unas patas de pollo o una cebolla cortada en gajos en el horno y añadirlas al consomé cuando se esté clarificando.

Colar el caldo a través de un paño o una estameña, apartando las claras coaguladas, para que quede totalmente limpio y sin impurezas.

CALDO DE AVE

INGREDIENTES

1 kg de carcasas de pollo
1/2 gallina
2 zanahorias
1 cebolla
1 rama de apio
1 puerro
1 tomate maduro

Lavar las carcasas. Retirar o quemar las posibles plumas de la gallina.

Poner a cocer agua y añadir las verduras lavadas y troceadas.

Dejar hervir a fuego lento unas 2 h, aproximadamente, hasta que la carne de la gallina se separe del hueso.

Añadir agua si fuese necesario y colar.

CALDO OSCURO O JUGO DE CARNE

INGREDIENTES

2 kg de huesos de ternera y recortes de carne (para un jugo más ligero se puede usar caparazones de pollo)
1 pata de ternera
1 cebolla
1 puerro
1 zanahoria
1 cabeza de ajo
1 ramillete de hierbas
2 cucharadas de harina
200 ml de brandi
1 l de vino tinto
Aceite de oliva
Sal

Es un caldo muy sabroso a partir de huesos y carnes de ternera que se utiliza para mejorar salsas y aportar color y sabor a los platos.

Lavar y cortar las verduras en trozos. Reservar.

Dorar con un poco de aceite los recortes y los huesos en el horno.

Rehogar las verduras en una olla e incorporar los huesos y los recortes dorados.

Retirar la grasa de la bandeja y desglasar con un poco de vino tinto.

Rehogar los huesos y los recortes junto con la verdura hasta que esté bien dorado e incorporar la harina. Remover y mojar con el brandi.

Quemar el alcohol y añadir el vino tinto de desglasar y el resto. Dejar reducir hasta la mitad de su volumen y entonces cubrir de agua. Dejar que hierva durante unas 3 h.

Pasado este tiempo, colar por un chino fino. Desgrasar y dejar que vuelva a reducir hasta conseguir una consistencia de salsa. Comprobar el punto de sal. Si fuera necesario se puede ligar con un poco de maicena.

FUMET DE PESCADO

INGREDIENTES

- 2 kg de espinas de pescado de roca
- Cabezas de marisco
- 1 cebolla
- 2 ramas de apio
- 1 puerro
- 2 zanahorias
- 1 tomate maduro
- Aceite de oliva

Es un fondo blanco elaborado a base de pescados y mariscos que dan un buen sabor al caldo resultante.

Trocear las espinas y sofreírlas en una olla con un poco de aceite. Añadir las cabezas de marisco y rehogar.

Incorporar las verduras lavadas y partidas, excepto el tomate. Dejar freír unos segundos. Agregar entonces el tomate troceado.

Añadir agua a la cazuela hasta cubrir las espinas 4 o 5 cm por encima. Dejar hervir a fuego lento durante 20 min aproximadamente (el tiempo dependerá del tipo de espina o de pescado). Retirar las impurezas, colar y reservar.

PICADA

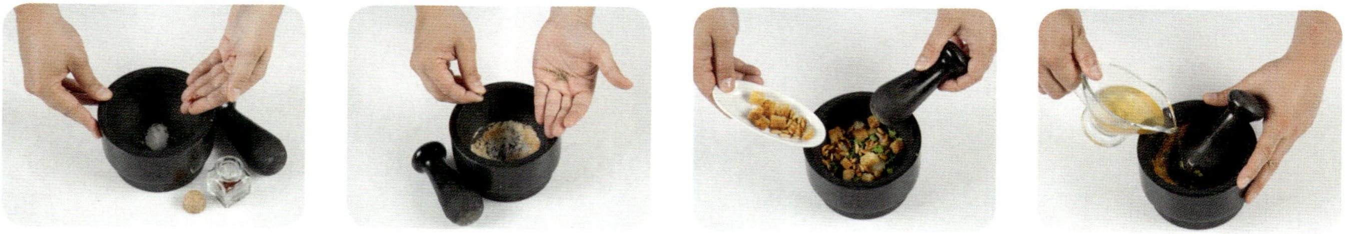

INGREDIENTES

- 2 rebanadas pequeñas de pan
- 3 dientes de ajo
- 25 g de piñones
- 10 hebras de azafrán
- 8-10 semillas de comino
- 1 ramita de perejil
- Sal gruesa
- Caldo o agua

Esta picada sería para un guiso de carne o pescado, aunque se puede hacer con otros componentes.

Para elaborar un majado primero debemos incorporar los elementos secos; una vez majados, añadir los que contengan agua o estén fritos.

Freír a fuego moderado el pan, los ajos y los piñones. Retirar y dejar escurrir sobre papel de cocina. Reservar.

Moler en un mortero el azafrán con un poco de sal. Si no está seco, tostar en el horno o en una sartén con cuidado de que no se queme. Añadir el comino y volver a moler.

Agregar el perejil picado, el pan, los ajos y los piñones. Majar hasta obtener una pasta.

Diluir con caldo o con agua, y el picado está listo para añadir al guiso.

PASTA CASERA

INGREDIENTES

3 huevos
300 g de harina, a poder ser 00

Se pueden elaborar pastas de distintos colores y sabores. Añadiendo puré de tomate concentrado se consigue una pasta rojiza. Agregando espinacas cocidas y picadas se obtiene pasta verde, e incorporando tinta de calamar, se logra pasta negra.

Hacer un volcán con la harina y añadir los huevos enteros en el centro. Mezclar con cuidado, sin romper la pared de harina para que los huevos no se derramen.

Una vez mezclado, amasar con la mano. Trabajar hasta conseguir una masa lisa y uniforme (la masa ha de estar húmeda, pero no pegajosa).

Formar una bola, envolverla en papel film y dejar reposar 15 min.

Pasado este tiempo, cortar la masa en medallones. Estirar con la mano e introducir en la máquina de hacer pasta en la posición más abierta. Doblarla sobre sí misma y volver a pasar por la máquina. Ir reduciendo el tamaño de los rodillos hasta lograr el grosor deseado. Repetir esta operación hasta que esté la pasta bien fina (se puede hacer con un rodillo, pero no quedará tan fina y homogénea).

Rellenar al gusto y con la forma deseada. Sellar con huevo batido.

SOFRITO

INGREDIENTES

1 cebolla
3 dientes de ajo
1 pimiento
1 puerro
3 tomates maduros
Aceite de oliva
Sal

Esta es una base de sofrito de las varias combinaciones que se pueden hacer. Dependiendo de si es para un pescado, para un guiso de carne o para una paella, se puede añadir especias, frutos secos, hierbas aromáticas, vino, brandi, licores, etc.

Picar las verduras y sofreírlas en un saute.

Primero incorporar la cebolla junto con el puerro, los ajos y el pimiento. Una vez pochado todo, añadir los tomates y dejar freír. Probar el punto de sal.

SALSA DE ROMESCO

INGREDIENTES

2 kg de tomates maduros
1 cebolla
1 cabeza de ajo
2 rebanadas de pan
250 ml de aceite de oliva virgen
50 ml de vinagre
2 ñoras
100 g de almendras crudas y peladas
1 cucharadita de pimentón picante
1 cucharadita de pimentón dulce
Sal

Es una salsa muy apropiada para carnes, pescados o verduras a la parrilla o para acentuar el sabor en un guiso.

Hidratar las ñoras sin semillas en agua tibia.

Poner la cebolla pelada cortada en 8 trozos en el centro de una bandeja para horno, junto a los ajos sueltos, ya pelados. Alrededor, colocar los tomates lavados, con un corte en forma de cruz y sin el pedúnculo, y añadir el aceite de oliva.

Hornear a 170 °C hasta que esté todo confitado.

Mientras, freír las almendras con aceite hasta que estén doradas. Reservar.

En la misma sartén freír las rebanadas de pan. Escurrir en papel de cocina y reservar.

Incorporar a la bandeja de horno las ñoras escurridas, las almendras, el pan frito, el pimentón dulce y picante y la sal. Hornear durante 10 min.

Añadir el vinagre y dejar un par de minutos. Retirar.

Triturar y pasar por un chino fino. Comprobar el punto de sal.

SALSA DE MOSTAZA

INGREDIENTES

2 cucharadas soperas de mostaza en grano
1 cucharada sopera de mostaza tipo Dijon
1 cebolleta
50 ml de vino blanco
300 ml de nata líquida
30 g de mantequilla
Salsa Perrins (opcional)
Sal

Esta salsa se utiliza para carne de cerdo, pescado y ensaladas.

Picar y dorar la cebolleta en un saute con la mantequilla.

Incorporar las mostazas y agregar el vino blanco. Dejar que evapore el alcohol y añadir la nata.

Hervir hasta que tenga la consistencia deseada. Agregar una cucharada de salsa Perrins y rectificar de sal.

Emplatados

La presentación es un factor muy importante para alcanzar el éxito de un plato, ya que la comida entra por los ojos y la primera impresión es lo que cuenta. La decoración ha de ser sencilla y elegante y se debe utilizar una vajilla, a ser posible, de color blanco o neutro, evitando los platos con dibujos o de colores. Lo que se quiere resaltar es la comida. El equilibrio, las proporciones y los colores son también factores importantes para conseguir una espectacular presentación.

UTILIZACIÓN DE AROS Y MOLDES

Para que la presentación de la comida tenga una forma determinada y más atractiva, se pueden usar aros o moldes a la hora de emplatar. Eso sí, el alimento debe tener la suficiente consistencia para que no se desmorone cuando se retire el aro. También se utilizan para delimitar parte del plato; por ejemplo, colocar una ensalada sin que se esparza y esté más recogida. Así se pueden añadir otros elementos al plato sin que se mezclen.

DAR VOLUMEN A LOS PLATOS

Se puede dar volumen a los platos con capas de alimentos, alternando estos entre sí, de forma que se coloquen en altura como si se tratase de lasaña o milhojas. Para este propósito se pueden también utilizar aros para que se mantengan en pie. Es importante retirar el molde en el último momento.

DECORAR CON HIERBAS

Nada mejor que decorar con hierbas frescas, por vistosidad y porque aportan aroma y un toque de sabor al plato. Para eso es fundamental conocer con qué sabores y alimentos combinan las que se van a utilizar, pues no todas van bien con todos los alimentos. Siempre son mejores las hierbas verdes con colores vivos. No hay que olvidar lavarlas antes de ponerlas en un plato, ya que son comestibles.

LOS GERMINADOS

En el mercado existen multitud de variedades de semillas germinadas que se utilizan en cocina, pero con un germinador propio se puede ver crecer los brotes que se van a usar en las presentaciones. Los germinados no solo aportan vistosidad, sino que son ricos en vitaminas y fáciles de asimilar por el organismo. Se pueden comer en crudo, con lo que tan solo es necesario colocarlos sobre el plato o mezclarlos con lo que más apetezca. Si son para un plato frío, como una ensalada, se pueden aliñar previamente y colocarlos de forma decorativa.

DECORAR CON HILOS DE CARAMELO O FRUTAS CARAMELIZADAS

Hay que tener sumo cuidado a la hora de preparar caramelo, ya que las quemaduras que se pueden producir son de las peores que se ocasionan en la cocina. Por eso, si hay oportunidad, es preferible usar guantes especiales.

Para decorar con un caramelo rubio oscuro es necesario primeramente dejarlo enfriar hasta que adquiera la densidad apropiada y con la ayuda de un tenedor formar hilos muy finos, dejándolos caer sobre una superficie engrasada. También se pueden hacer dibujos o enrejados a modo de teja o de peineta.

Para caramelizar frutas hay que hacer un caramelo con azúcar y mantequilla, y cuando se haya conseguido el color deseado, añadir la fruta. Es preferible usar frutas con cuerpo y con poca agua, pues el agua no permite que el caramelo se adhiera a la fruta. Lo ideal son los frutos secos. Una vez que estén caramelizados hay que extenderlos sobre papel sulfurizado y dejarlo enfriar antes de llevarlo al plato.

BIBERONES

Se usan biberones para aliñar con la cantidad justa y para conservar salsas, pero sobre todo para dibujar y decorar platos de forma limpia y eficaz. Se pueden hacer rayas, puntos, dibujos, etc., con aceites, salsas, vinagretas, reducciones, purés o jarabes, con más o menos grosor, dependiendo del espesor del contenido y de la boquilla del biberón. Permiten ser muy creativo a la hora de utilizarlos.

CRUJIENTES

Los alimentos crujientes se elaboran, bien por deshidratación en un horno a baja temperatura, o bien friendo el alimento hasta que esté crujiente.

Se pueden hacer chips o julianas de verduras, friéndolos en aceite caliente y escurriéndolos bien sobre papel absorbente. También se pueden enharinar o hacer una tempura y freírlos, pero de esta manera el crujiente durará menos tiempo.

Otra forma es introducir láminas finas de jamón o beicon en el horno a baja temperatura hasta que estén crujientes. Si se coloca queso rallado sobre papel sulfurizado en el horno, también se obtiene un crujiente muy sabroso, siempre y cuando se retire antes de que coja mucho color, porque de lo contrario amargaría.

Lo único que hay que tener en cuenta en cualquier caso es que el alimento se debe cocinar y presentar en el último instante, para que llegue perfecto al comensal.

ESPUMAS Y AIRES

La espuma, básicamente, es una crema ligera que se obtiene gracias a un sifón con cargas de N_2O. La crema ha de llevar grasa, clara de huevo, nata o gelatina. Dependiendo de la densidad de la crema y de la cantidad de grasa que tenga, quedará más o menos densa.

Las espumas pueden ser calientes o frías, dulces o saladas, con infinitos sabores. Se puede jugar con una gran variedad de posibilidades para acompañar cualquier plato.

Los aires por lo general se hacen con ayuda de la lecitina de soja, añadiendo un porcentaje a un líquido o zumo e introduciendo aire con ayuda de una túrmix. Existen alimentos, como la zanahoria, que ya contienen lecitina, con lo que no hará falta añadirla.

Tanto los aires como las espumas hay que añadirlos en el último momento, ya que son muy volátiles y pierden consistencia enseguida.

CON FRUTAS O PIELES DE CÍTRICOS

Las frutas rojas son las más habituales para decorar, por su color intenso y su tamaño, pero también se puede decorar con frutas más grandes y troceadas de forma bonita. Se colocan en el plato tal cual o bien se pasan por un brillo gelatinoso para que se resequen menos.

Para decorar con pieles de cítricos es necesario primeramente quitar el amargor, sobre todo si se utilizan para repostería. Para ello hay que blanquearlas en agua varias veces y después cocerlas en un almíbar.

PLATOS TOP

Pichonetto Meronatto

50 min

4

Media

PARA LA MAYONESA DE MERO

200 g de mero
100 g de chalotas
1 diente de ajo
100 g de mayonesa
20 g de alcaparras
20 g de pepinillos
10 g de mantequilla
Pimienta
Sal

PARA EL PICHÓN

2 supremas de pichón
Pimienta
Sal

PARA LA COCA DE ACEITE Y COMINO

500 g de harina (más o menos, mirar cuánta acepta)
125 g de vino blanco
125 g de aceite de oliva
1 cucharada de comino
1 cucharada de sal

PARA LA MAYONESA DE MERO

Pochar la chalota con un poco de mantequilla y el diente de ajo partidos. Cuando esté blanda la chalota, añadir el mero en trozos. Salpimentar y dejar unos minutos más al fuego. Retirar y esperar a que se enfríe. Después, introducir en el robot de cocina junto con las alcaparras, los pepinillos y la mayonesa, hasta conseguir una salsa espesa. Reservar.

PARA EL PICHÓN

Sacar las supremas, envasar al vacío y cocinar durante 20 min a 65 °C. Enfriar y reservar. Después, salpimentar y cortar en cuadrados de ½ cm de grosor (tipo tataki).

PARA LA COCA DE ACEITE Y COMINO

Poner en la amasadora la misma cantidad de aceite que de vino y 1 cucharada de sal y otra de comino. Agregar la harina poco a poco hasta obtener una masa elástica y no pegajosa. Extender en una placa de horno y hornear a 200 °C, hasta que esté crujiente. Antes de que esté hecha completamente, cortar en rectángulos.

PARA LA BASE DE TARTAR

Cortar dos rectángulos de pepino, salpimentar y aliñar con el zumo de la lima. Dejar macerar unos minutos.

RECETA TOP CHEF

PARA LA BASE DE TARTAR

1 pepino
1 lima
Pimienta
Sal

OTROS

Jugo de cocción de las supremas de pichón
Hojas de lechuga
10 g de mostaza verde

TERMINACIÓN

Hacer una vinagreta con los jugos resultantes de la cocción de las supremas de pichón y la mostaza verde. Con ella aliñar las hojas de lechuga cortadas en una juliana muy fina y colocarlas entre la coca de comino y el pichón.

Poner la mayonesa de mero en la base del plato, y sobre ella colocar los rectángulos de pepino. Encima, fijar la coca y añadir un poco de ensalada aliñada. Finalizar con el pichón cortado.

Coca de solomillo de Kobe y verduritas

50 min

4

Fácil

PARA LA COCA

15 g de harina de garbanzos
15 g de harina de centeno
15 g de harina de espelta
20 g de kikos tostados molidos
2 g de boletus deshidratados y molidos
30 ml de agua
20 ml de aceite de oliva virgen extra
1 pellizco de sal

PARA EL PESTO DE ALBAHACA

30 g de piñones
2 cucharadas de queso parmesano rallado en polvo
1 diente de ajo pequeño
1/2 ramillete de albahaca de hojas grandes
Aceite de oliva

PARA LA COCA

Mezclar los ingredientes para la coca dentro de una amasadora. Dejar reposar unos 30 min. Estirar la masa sobre una mesa enharinada, lo más fina posible. Disponer sobre una bandeja con papel sulfatado y hornear a 170 °C durante 12 min. Retirar sobre una rejilla y enfriar.

PARA EL PESTO DE ALBAHACA

Picar los ingredientes para el pesto lo más menudo posible y mezclar con aceite de oliva hasta obtener una salsa suelta. Reservar.

PARA EL SOLOMILLO DE KOBE

Preparar abundante agua con sal. Escaldar en ella unas tiras de piel de calabacín conseguidas con el pelador, retirar sobre agua fría con hielo para cortar la cocción y escurrir. Repetir la operación con las yemas de ajetes y de trigueros.

Salpimentar la carne a temperatura ambiente y masajear con un poco de aceite de oliva. Pasar por una parrilla bien caliente por ambas caras durante 1 min largo o más según los gustos.

Pasar por una sartén con algo de aceite las yemas y las tiras de piel de calabacín. Sazonar levemente.

TERMINACIÓN

Pintar en el plato una línea de pesto verde. Untar con romesco (ver receta en la página 36) la superficie de la coca, disponer encima de esta finas lonchas de carne y alternar con las yemas y las tiras de piel de calabacín. Espolvorear con una finísima juliana de cebolleta roja y escamas de sal.

PARA EL SOLOMILLO DE KOBE

1 medallón de solomillo de Kobe de 300 g
12 yemas de espárragos trigueros pequeños
12 yemas de ajetes pequeños
1 calabacín
Pimienta negra
Aceite de oliva virgen extra
Sal normal

OTROS

1/2 cebolleta roja
Sal en escamas

Bombones de foie *en gelatina de oporto y trufa*

20 min + 45 min de frío

4

Media

PARA LA CEBOLLA CARAMELIZADA

140 g de cebolla
140 g de azúcar
1 cucharada de aceite de oliva
Sal

PARA LA GELATINA DE OPORTO

125 ml de vino de Oporto
125 ml de caldo de carne
3 hojas de gelatina de 3 g cada una
Pimienta negra
Sal

PARA EL FOIE

240 g de mi-cuit de foie

OTROS

1 trufa pequeña
Reducción de Módena
Semillas de sésamo
Brotes de tomillo limonero

PARA LA CEBOLLA CARAMELIZADA

Sofreír la cebolla con la cucharada de aceite y sal. Una vez pochada, añadir el azúcar y dejar en el fuego hasta que se caramelice.

PARA LA GELATINA DE OPORTO

Reducir a la mitad el vino, agregar el caldo de carne, rectificar de sal y pimienta e incorporar las hojas de gelatina, previamente hidratadas en agua fría.

PARA EL FOIE

Atemperar el mi-cuit de foie y, con ayuda de un papel film, hacer esferas de unos 50 g aproximadamente. Guardar en la nevera unos 10 min.

Mojar las bolitas de foie pinchadas con un palito en la gelatina e introducirlas unos 15 min en la nevera hasta que se enfríen y la gelatina se adhiera. Si no se quedan totalmente impregnadas, repetir la operación varias veces.

TERMINACIÓN

Dibujar en los platos unos hilos con la reducción de Módena, colocar unos montoncitos de cebolla caramelizada y encima los bombones de foie pinchados con un palito. Espolvorear con sésamo y trufa y decorar con unos brotes de tomillo.

Wraps de mousse de tortilla de patatas

1 h

4

Media

PARA LA TORTILLA

200 g de patatas
300 ml de aceite de oliva intenso
40 ml de nata montada
2 huevos medianos
1/2 cebolla grande dulce
Pimienta
Sal

PARA LA CEBOLLA CARAMELIZADA

1 cebolla grande dulce
2 cucharadas soperas de azúcar moreno
2 cucharadas de vinagre de Módena
20 g de mantequilla
1/2 cucharada de soja
1 cucharada de aceite
Pimienta
Sal

OTROS

4 hojas de wrap
Hierbas aromáticas
Brotes para decorar

PARA LA TORTILLA

Pelar las patatas, quitar impurezas, lavar en agua fría y secar. A continuación, cortar en medias rodajas, de unos milímetros de ancho. Hacer lo mismo con la media cebolla.

Calentar en una buena sartén el aceite, agregar las patatas salpimentadas y la cebolla. Pochar a fuego medio hasta que estén ligeramente doradas y blanditas. Escurrir el exceso de aceite y reservar. No dejar de dar vueltas, con cuidado de no romperlas, para evitar tostar algunas caras y dejar otras crudas.

Batir los huevos brevemente con un pellizco de sal, añadir la patata pochada y templada. Calentar una buena sartén antiadherente, y cuando humee, agregar un chorro fino de aceite de oliva y el batido de patatas y huevo. Dorar 1 min por cada cara. Retirar aun estando cruda por dentro.

Introducir la tortilla en un vaso triturador, creando una pasta fina a la cual, con mucho cuidado y con movimientos envolventes suaves, se irá añadiendo la nata montada. Reservar en frío.

PARA LA CEBOLLA CARAMELIZADA

Pelar la cebolla y laminar finamente en juliana. Pochar a fuego medio junto con la cucharada de aceite, la mantequilla, una pizca de sal y la pimienta.

Cuando la cebolla se torne transparente y haya evaporado todo el líquido, añadir el azúcar, el vinagre y la soja, y dejar cocer a fuego medio bajo, hasta conseguir evaporar casi todo el líquido, obteniendo una compota oscura de cebolla. Reservar.

TERMINACIÓN

Tostar ligeramente los panes de wrap por ambas caras. Rellenar con la cebolla caramelizada y la mousse de tortilla. Enrollarlos sobre sí mismos y cortarlos en porciones. Decorar con hierbas aromáticas y germinados frescos.

Matrimonio sobre tomates *escaldados en soja*

15 min

4

Fácil

PARA LOS TOMATES

12 tomates cherry
100 ml de salsa de soja
80 g de azúcar

PARA EL ALIOLI DE ENELDO

1 huevo
1 diente de ajo
40 g de eneldo fresco
1/3 de limón
Aceite de oliva
Pimienta
Sal

PARA EL ACEITE AROMATIZADO DE AJO

1 diente de ajo
2 cucharadas de aceite de oliva

OTROS

12 lomos de anchoas ahumadas
12 lomos de boquerones en vinagre

PARA LOS TOMATES

Escaldar los tomates y pelar.

Mezclar al fuego la soja y el azúcar, y añadir los tomates. Dar un hervor, retirar el cazo y tapar con papel film hasta que enfríen. Reservar.

PARA EL ALIOLI DE ENELDO

Triturar el huevo con el eneldo, el diente de ajo y el zumo de limón e incorporar el aceite de oliva poco a poco. Salpimentar y reservar en frío.

PARA EL ACEITE AROMATIZADO DE AJO

Picar el diente de ajo, añadir las cucharadas de aceite de oliva en un bol y remover enérgicamente. Reservar.

TERMINACIÓN

Disponer las anchoas y los boquerones apoyados sobre los tomates, acompañados del alioli de eneldo y con el aceite de ajo.

Ataditos de ibéricos *de cebolla dulce y setas*

20 min

4

Fácil

INGREDIENTES

220 g de presa de cerdo ibérico limpia
12 espárragos trigueros silvestres
12 setas de tamaño pequeño
1 cebolleta
1 cucharada de azúcar
8 cucharadas de jugo de carne
1 cucharadita de setas deshidratadas en polvo
Cebollino fresco
Pimienta
Aceite de oliva
Aceite de trufa
Sal normal
Sal en escamas

Limpiar los tallos de los espárragos trigueros, escaldar en agua hirviendo con sal durante 1 min y poner en agua con hielo para cortar la cocción. Reservar.

Limpiar las setas con un trapo húmedo, sazonar y saltear a fuego fuerte hasta que se doren. Reservar.

Limpiar la cebolleta con cuidado de retirar mucha base de la raíz (para que las láminas queden unidas entre sí). Estirar cada juliana de cebolleta sobre una sartén grande impregnada en aceite de oliva, a fuego fuerte, y cuando dore, espolvorear con un poco de sal y azúcar. Caramelizar y retirar sobre un papel sulfatado o de horno impregnado con aceite de oliva.

Embadurnar la presa de cerdo ibérico con aceite, sal y pimienta. Dorar a fuego fuerte por todas las caras y reservar fuera del calor.

Calentar el jugo de carne y disolver las setas en polvo en él. Colar.

Laminar muy finamente la carne con ayuda de un cuchillo afilado o con una cortadora de fiambres. Disponer sobre cada loncha unas láminas de cebolleta y una seta. Enrollar sobre sí misma y atar con el espárrago triguero alrededor a modo de cinturón.

Colocar en una bandeja de horno y templar unos segundos a 150 °C.

TERMINACIÓN

Poner una gota de aceite de trufa en el interior del atadillo y servir con el jugo de carne con setas. Sazonar con sal en escamas y decorar con unas puntas de cebollino fresco.

Atún en ligero escabeche con mousse de piquillo y ensalada de aguacate y huevas

45 min + 4 h de escabeche

4

Media

PARA LA MOUSSE DE PIQUILLOS

250 g de pimientos del piquillo
200 g de nata líquida
2 hojas de gelatina de 3 g cada una
Pimienta
Sal

PARA EL ESCABECHE DE ATÚN

250 g de atún en un taco
25 ml de vinagre de jerez
1 rama de tomillo
3 dientes de ajo
2 hojas de laurel
Pimienta negra en grano
200 ml de aceite de oliva
Sal

OTROS

1 tomate maduro
1 aguacate
1 cebolleta
1 limón
Brotes tiernos de lechuga
Huevas de trucha
Aceite de oliva

PARA LA MOUSSE DE PIQUILLOS

Hidratar las hojas de gelatina en agua fría y triturar los piquillos. Calentar la gelatina en un bol en el microondas unos segundos y mezclar con el puré de piquillos.

Semimontar la nata y mezclar con el puré de piquillos. Rectificar de sal y de pimienta.

Repartir la mousse de piquillos en vasos y dejar enfriar.

PARA EL ESCABECHE DE ATÚN

Poner en un cazo a fuego moderado todos los ingredientes, excepto el atún, y dejar que cueza unos segundos. Apartar y dejar enfriar.

Mientras, sazonar el atún y marcarlo en una sartén por todos los lados. Introducirlo en el escabeche frío durante al menos 4 horas (si es posible, hacerlo el día anterior para que se impregne más del escabeche).

TERMINACIÓN

Pelar y picar el aguacate y el tomate, sin semillas, en dados. Cortar la cebolleta en juliana fina. Mezclar en un bol con zumo de limón, aceite de oliva y sal.

Colocar sobre la mousse de pimiento la ensalada de aguacate e intercalar alguna hoja de lechuga. Poner el atún en láminas finas encima y coronar con las huevas de trucha.

Bocados de atún *al sésamo con salsa de tomates secos*

10 min

4

Fácil

PARA LA SALSA

60 g de tomates secos en aceite
20 g de pan frito
1 diente de ajo
1 pellizco de cominos
3 alcaparras
Hojas de salvia
Pimienta negra
50 g de aceite de oliva virgen extra
Sal

PARA EL ATÚN

200 g de atún limpio (en una pieza de 2 cm de grosor)
1 cucharada de sésamo tostado
2 cucharadas de aceite de sésamo de prensada en frío
Aceite de oliva virgen extra
Sal ahumada

OTROS

Rúcula

PARA LA SALSA

Sofreír el diente de ajo laminado a fuego bajo con el aceite de oliva (no dejar que tome color). Retirar y triturar junto con los tomates, los cominos, las alcaparras, el pan frito y las hojas de salvia. Salpimentar y reservar.

PARA EL ATÚN

Cortar en 4 lingotes el atún, impregnar en aceite de oliva y sellar a fuego medio sin que el pescado tome demasiado color. Sazonar con la sal ahumada y espolvorear algo de sésamo. Partir por la mitad y dosificar unas gotas de aceite de sésamo por el atún.

TERMINACIÓN

Presentar dentro de unos recipientes en una brocheta, con la salsa de base y unas hojas de rúcula para dar color.

Buñuelos de congrio *y lechuga de mar en crema de azafrán*

40 min

4

Fácil

PARA LA CREMA DE AZAFRÁN

300 ml de caldo de pescado (congrio)
50 ml de vino blanco
1 cebolleta
1 diente de ajo
Unas briznas de azafrán
Pimienta blanca
Aceite de oliva
Sal

PARA LOS BUÑUELOS

300 g de carne de congrio limpia
10 g de lechuga de mar
4 obleas de papadum de cebolla
2 chalotas
1 diente de ajo
1 yema de huevo
½ penca de apio
Aceite de oliva
Sal

OTROS

Minihojas de espinaca

PARA LA CREMA DE AZAFRÁN

Pelar y picar la cebolleta en juliana fina. Pocharla a fuego medio con un par de cucharadas de aceite junto con el diente de ajo pelado y laminado. Cuando empiece a tomar color, añadir el azafrán y dejar tostar con sumo cuidado de no quemarlo.

Regar con el vino blanco y dejar evaporar. Agregar el caldo, dar un hervor durante 5 min a fuego bajo, triturar y pasar por un colador fino. Poner de nuevo al fuego hasta conseguir una salsa con cuerpo, pero ligera. Salpimentar y reservar.

PARA LOS BUÑUELOS

Hidratar en agua caliente la lechuga de mar, escurrir, picar y reservar.

Pelar las chalotas y cortar en pequeñísimos trozos junto con el diente de ajo. Pochar a fuego medio hasta que se dore con unas 3 cucharadas de aceite de oliva. Agregar las algas, rehogar y reservar.

Cortar la carne limpia del congrio en cubos y pasar por una picadora de mano. Mezclar junto con las chalotas, la yema de huevo, la penca de apio, limpia y muy picada, y las algas. Sazonar.

Impregnar las manos con aceite de oliva y crear, con movimientos suaves pero firmes, unos buñuelos de unos 20 o 30 g. Triturar los papadums y rebozar en ellos los buñuelos de pescado.

Freír en abundante aceite caliente hasta que estén dorados (debe quedar la superficie crujiente).

TERMINACIÓN

Rellenar unos vasos de chupitos con la crema de azafrán y encima de estos colocar unas brochetas con los buñuelos y unas hojas de espinaca fresca limpia.

Pinchitos de butifarra con crema de alubias, foie y verduritas

1 h + 12 h de remojo

4

Fácil

INGREDIENTES

400 g de alubias
100 g de micuit de pato
100 g de champiñones
100 ml de nata líquida
2 butifarras blancas
1 cebolla roja
8 ajetes
1/2 pimiento amarillo
1/2 pimiento rojo
1 diente de ajo
Pimienta
Aceite de oliva
Sal

Cocer en abundante agua con sal las alubias, puestas en remojo la noche anterior, hasta que estén en su punto. Escurrir y reservar.

Dorar el diente de ajo laminado en un par de cucharadas de aceite de oliva. Añadir el pimiento amarillo, el pimiento rojo y la cebolla cortados en juliana. Agregar los ajetes sin partir y los champiñones laminados. Pochar a fuego medio y salpimentar.

Dividir en dos partes las alubias cocidas. Agregar la mitad de ellas a las verduras, saltear brevemente y reservar en caliente.

Mezclar la otra mitad de las legumbres con la nata y el micuit. Triturar con la batidora hasta conseguir una crema.

Dorar las butifarras en una sartén antiadherente con unas gotas de aceite de oliva. Salpimentar y cortar en medallones de un par de centímetros.

TERMINACIÓN

Colocar la crema de alubias en el fondo de un vasito. Servir luego una cucharada de alubias con verduras y acompañar con un medallón de butifarra marcado y pinchado en una brocheta.

Raspitas de anchoas con salsa de pimiento

1 h

4

Fácil

PARA LA SALSA DE PIMIENTO

320 g de almendras crudas y peladas
20 g de avellanas
2 tomates maduros
50 ml de vinagre
1 pimiento rojo de asar
1 cabeza de ajo
2 rebanadas de pan
2 ñoras en remojo
1 cucharadita (de las de café) de pimentón picante
1 cucharadita (de las de café) de pimentón dulce
1/2 cebolla pequeña
200 ml de aceite de oliva virgen
Sal

PARA LAS RASPAS DE ANCHOAS

24 raspas de anchoas en salmuera
Harina de garbanzos
Aceite de oliva

PARA LA SALSA DE PIMIENTO

En el centro de una sartén honda, poner la cebolla pelada y cortada en 8 trozos junto a la cabeza de ajo desgranada. Alrededor colocar los tomates lavados y con un corte en forma de cruz, sin el pedúnculo, y el pimiento sin el pedúnculo y sin semillas. Añadir el aceite de oliva y hornear a 170 °C durante unos 45 min, aproximadamente.

Hidratar las ñoras, sin semillas.

Freír las almendras y las avellanas en una sartén con aceite y cuando estén doradas retirar y escurrir.

En la misma sartén, freír las rebanadas de pan y escurrir también. Incorporar a la sartén honda las ñoras, los frutos secos, el pan frito, los dos pimentones y sal. Dejar en el horno 10 min más y añadir el vinagre.

Dejar un par de minutos a fuego suave y retirar. Triturar, colar y rectificar de sal.

PARA LAS RASPAS DE ANCHOAS

Lavar las raspas en agua fría, escurrir, secar y pasar por harina de garbanzos, tamizar y freír en abundante aceite caliente hasta que estén doradas. Dejar sobre papel absorbente para retirar el exceso de grasa.

TERMINACIÓN

Servir las raspas a modo de diping junto con la salsa de pimiento.

Panceta de cerdo *en dos cocciones sobre migas, uvas y mango*

90 min

4

Media

PARA LAS MIGAS

800 g de panceta fresca
250 g de pan para migas
200 g de zanahoria
150 g de cebolla
40 g de uvas
10 g de ajo
1 hoja de laurel
Pimentón

OTROS

40 g de confitura de mango
Cebollino
Pimienta
Sal

PARA LAS MIGAS

Cocer la panceta en olla exprés durante 40 min con la cebolla, el laurel y la zanahoria. Cuando la panceta esté cocida, enfriar con un peso encima para que quede plana. Reservar antes una loncha, picarla y freírla para hacer torreznos. Retirar y reservar.

En este mismo aceite, dorar el ajo, añadir el pimentón y cocinar las migas. Pelar y despepitar las uvas y mezclar con las migas. Incorporar los torreznos y dar una vuelta. Una vez esté bien fría la panceta, racionar y marcar en la plancha hasta que quede bien crujiente.

TERMINACIÓN

Colocar en un plato un poco de confitura de mango, las migas y encima la panceta. Terminar con un golpe de pimienta, sal y cebollino.

RECETA
TOP CHEF

Ataditos de endibias rellenos de mejillones y salsa de guisantes

40 min

4

Fácil

PARA LA SALSA DE GUISANTES

200 g de guisantes
Caldo de los mejillones

PARA LOS MEJILLONES Y EL SOFRITO DE AJETES Y JAMÓN

500 g de mejillones
120 g de ajetes
70 g de jamón serrano
Aceite de oliva

PARA LAS ENDIBIAS

2 endibias grandes
Pimienta
Sal

PARA LA SALSA DE GUISANTES

Escaldar los guisantes unos 2 min y refrescar inmediatamente pasado el tiempo. Triturar junto con el caldo de los mejillones y reservar.

PARA LOS MEJILLONES Y EL SOFRITO DE AJETES Y JAMÓN

Cocer los mejillones limpios y reservar su carne y su caldo por separado.

Saltear en una sartén con un poco de aceite los ajetes picados junto con el jamón bien picado.

PARA LAS ENDIBIAS

Partir a lo largo las endibias, salpimentar y untar con aceite. Envolver en papel de aluminio y hornear durante 15 min a 180 °C. Reservar.

TERMINACIÓN

Deshojar la endibia asada y rellenar con el sofrito de ajetes y jamón. Añadir un par de mejillones, y enrollar sobre sí misma. Pinchar con una brocheta corta.

Colocar los ataditos sobre la crema de guisantes y acompañar con el resto de los ajetes.

Ajoblanco con lascas de huevas de atún y uvas

20 min

4

Fácil

PARA EL AJOBLANCO

2 dientes de ajo
100 g de almendras crudas y peladas
150 g de miga de pan
30 ml de vinagre de jerez
1 l de agua mineral fría
Sal

PARA LAS HUEVAS Y LAS UVAS

100 g de huevas de atún
12 uvas
Aceite de oliva virgen extra

OTROS

Brotes de albahaca mini
Almendras crudas

PARA EL AJOBLANCO

Poner en un recipiente los dientes de ajo pelados, las almendras y un poco de agua fría. Triturar con la batidora.

Luego, añadir la miga de pan, el vinagre y el resto del agua. Batir bien y rectificar de sal.

PARA LAS HUEVAS Y LAS UVAS

Cortar unas láminas finas de huevas de atún con un cuchillo bien afilado, y pelar las uvas y despepitarlas. Reservar.

TERMINACIÓN

Emplatar el ajoblanco, acompañándolo de las uvas peladas y de las láminas finas de huevas de atún. Decorar con unos brotes de albahaca mini, unas láminas de almendra cruda y unas gotas de aceite de oliva virgen extra.

Botánico en tempura

35 min

4

Difícil

PARA LA TEMPURA

75 g de harina
150 g de agua helada
1 yema de huevo

PARA LA CREMA DE HABAS

100 g de habas repeladas y escaldadas
1 nuez de mantequilla
Pimienta blanca
Agua mineral
Sal

PARA LA «TIERRA»

15 g de algas Hiziki trituradas
45 g de harina de espelta
35 g de azúcar moreno
30 g de almendra en polvo
20 g de aceitunas deshidratadas molidas
60 g de mantequilla fría
1 cucharadita de setas deshidratadas molidas
1 cucharadita de tinta de calamar

PARA LA TEMPURA

Mezclar los ingredientes de la tempura hasta obtener una crema homogénea sin grumos. Reservar en la nevera.

PARA LA CREMA DE HABAS

Triturar las habas, añadiendo poco a poco agua templada hasta lograr una textura de salsa. Colar por un chino fino, salpimentar y reservar. Esta crema se calentará antes de servir, añadiendo la nuez de mantequilla.

PARA LA «TIERRA»

Mezclar todos los ingredientes secos y añadir la tinta y la mantequilla. Amasar con las manos (es mejor utilizar guantes de látex) y friccionar la masa entre ellas, creando poco a poco una textura de arena.

Disponer la arena sobre un papel sulfatado o una silicona especial para horno. Hornear a 150 °C durante unos 20 min, aproximadamente, hasta que esté bien seca. Remover cada 5 min para homogeneizar el secado y el horneado. Retirar sobre papel absorbente y reservar.

PARA LAS VERDURAS

Escaldar cada vegetal ligeramente torneado y por separado en abundante agua con sal hasta que estén al dente. Una vez cocidos, meterlos en agua helada para cortar la cocción. Escurrir y secar con papel absorbente.

Calentar el aceite de oliva a 160 °C, batir de nuevo la tempura e ir remojando las verduras. Escurrir y freír hasta conseguir un fino y crujiente rebozado. Retirar sobre papel absorbente.

PARA LAS VERDURAS

8 ramilletes de romanesco
12 guisantes
12 ramilletes de coliflor
4 ramilletes de brócoli
4 minizanahorias peladas
1 alcachofa
4 yemas de espárragos trigueros
30 g de calabaza cortada en cubitos
1/2 penca de cardo ancha
Aceite de oliva
Sal

OTROS

Brotes de albahaca mini

TERMINACIÓN

Sobre un plato amplio, disponer un poco de «tierra» de algas y tinta. Colocar encima parte de las verduras en tempura, y acompañar con una lágrima de crema de habas. Decorar con brotes de albahaca mini.

Carpaccio de bacalao con vinagreta dulce de mostaza

15 min

4

Fácil

PARA EL CARPACCIO DE BACALAO

500 g de lomo de bacalao fresco y limpio
Aceite de girasol prensado en frío

PARA LA VINAGRETA DE ENELDO

4 cucharadas de mostaza de Dijon
1 cucharada de azúcar moreno
1 cucharada de vinagre de jerez
1 cucharada colmada de eneldo fresco picado
3 cucharadas de aceite de oliva virgen extra

OTROS

50 g de hojas de mostaza, acelga roja, rúcula, etc.
80 g de frutos rojos variados (frambuesas, moras...)
Sal en escamas

PARA EL CARPACCIO DE BACALAO

Trocear en cubos menudos el bacalao limpio de espinas y piel. Dividirlo en cuatro partes. Introducir cada una de ellas en una bolsa de vacío de 14 por 14 cm. Agregar un par de cucharadas de aceite de girasol y sellar.

Con ayuda de una espalmadera, extender la carne del bacalao por toda la superficie. Reservar en la nevera.

PARA LA VINAGRETA DE ENELDO

Calentar el azúcar con el vinagre hasta deshacer la mezcla. Adicionar la mostaza y batir. Retirar del fuego y, estando todavía templado, añadir, hilo a hilo, el aceite, batiendo enérgicamente y emulsionando la mezcla hasta obtener una salsa. Agregar el eneldo fresco picado, mezclar y reservar en la nevera.

TERMINACIÓN

Congelar el carpaccio 5 min antes de servir para que resulte más fácil retirar su interior sin romper su forma. Abrir la bolsa de vacío y disponer sobre cada plato el carpaccio. Mientras se atempera, crear en el centro un bouquet de lechugas variadas, agregar los frutos rojos, sazonar con sal en escamas y aliñar con la vinagreta dulce de eneldo.

Ensalada templada de verduras asadas y gorgonzola

45 min

4

Fácil

PARA EL ACEITE CONFITADO DE AJOS

12 dientes de ajo grandes
40 g de almendras laminadas
Aceite de oliva virgen extra

PARA LA ENSALADA TEMPLADA

4 alcachofas
4 tomates en rama
1 berenjena grande
1 limón
Pimienta
Sal

OTROS

120 g de gorgonzola
16 aceitunas negras
Perejil fresco rizado

PARA EL ACEITE CONFITADO DE AJOS

Dejar templar los ajos con piel con unos 150 ml de aceite de oliva a fuego bajo durante 10 min. Retirar los ajos y reservar. En el mismo aceite y a fuego bajo también, dorar las almendras laminadas con cuidado de no quemarlas. Colar y reservar sobre papel absorbente.

PARA LA ENSALADA TEMPLADA

Pelar las alcachofas, cortar en cuartos y frotar con zumo de limón. Cocer en agua con limón durante 10 min a fuego bajo. Dejar templar.

Escaldar, pelar, cortar en cuartos y despepitar los tomates. Reservar.

Partir la berenjena en cubos, mezclar con zumo de limón, salpimentar e impregnar con aceite del confitado de ajos. Asar a 200 °C hasta que esté dorada.

Impregnar los tomates con el aceite de los ajos, salpimentar y asar a la misma temperatura durante 10 min. Impregnar también las alcachofas con el aceite y dorar a la misma temperatura en el horno.

TERMINACIÓN

Mezclar las verduras asadas con el gorgonzola desmenuzado, los dientes de ajo, las almendras y las aceitunas. Decorar con perejil fresco rizado.

Humus de garbanzos y berenjena

35 min + 12 h de hidratación

4

Fácil

PARA EL HUMUS

100 g de garbanzos
1 berenjena
500 ml de caldo de verduras
1 cucharada de cilantro fresco picado
5 hojas de curry
1/2 cucharada de curry de Madrás
1 diente de ajo grande
1 cucharada de pasta de sésamo
1 lima
Pimienta
5 cucharadas de aceite de oliva virgen
Sal

PARA LOS CRUJIENTES

1 berenjena
Harina
Aceite de oliva
Sal

OTROS

Miel de romero
Cilantro fresco

PARA EL HUMUS

Poner a remojo los garbanzos el día anterior. Pasado el tiempo de hidratación, cocerlos en la olla exprés junto con las hojas de curry y el caldo de verduras durante 23 min.

Mientras, lavar la berenjena, pelar, sazonar e impregnar de aceite. Asar a 180 °C durante 25 min.

Escurrir los garbanzos, desechando las hojas de curry. Triturar junto con el zumo de lima, el diente de ajo, el cilantro, la berenjena, la pasta de sésamo y 1 o 2 cucharadas del caldo de verduras donde hemos cocido los garbanzos. Pasar por un tamiz o un chino no muy fino. Mezclar con el aceite, corregir de sal y especiar con un poco de curry en polvo y pimienta. Reservar.

PARA LOS CRUJIENTES

Laminar finamente la berenjena partida a lo largo, obteniendo láminas de unos 8 cm de largo y 2 cm de ancho. Sazonar y dejar reposar hasta que empiecen a sudar. Secar cada lámina con papel absorbente.

Enharinar un poco las láminas y freírlas por ambas caras en aceite caliente. Dejar escurrir sobre papel absorbente. Reservar.

TERMINACIÓN

Calentar ligeramente, sin que llegue a hervir, la miel. Poner en el fondo de un vaso una pequeña cantidad de humus, unos crujientes de berenjena y unos hilos de miel. Decorar con hojas de cilantro fresco.

Jardín de brotes tiernos *y marlín ahumado*

30 min

4

Fácil

PARA EL JARDÍN DE BROTES

8 tomates cherry
8 ajetes frescos
1 cebolleta
1 tomate de ensalada
1 chile rojo picante (se puede sustituir por pimiento rojo)
Brotes tiernos de lechugas variadas
200 g de marlín ahumado loncheado (se puede sustituir por cualquier otro ahumado)

PARA LA VINAGRETA

Vinagre de Módena
Aceite de oliva
Sal

OTROS

16 pistachos

PARA EL JARDÍN DE BROTES

Blanquear los ajetes y cortarlos en bastones. Lavar el tomate, las lechugas y el chile o pimiento. Cortar en rodajas finas el pimiento y la cebolleta, los cherry en gajos, y escurrir las lechugas. Retirar las semillas del tomate de ensalada y reservar.

PARA LA VINAGRETA

Mezclar una parte de vinagre por tres de aceite. Poner a punto de sal.

TERMINACIÓN

Disponer en un plato o en una bandeja todos los elementos de la ensalada, de forma decorativa y minimalista. Decorar con los pistachos. Pulverizar con aceite y añadir puntos de vinagreta. Servir con más vinagreta aparte.

Mamía de alcachofa *y carpaccio de gambas*

40 min + 2 h de congelación

4

Media

PARA EL ACEITE Y EL CARPACCIO DE GAMBAS

8 gambas grandes
Aceite de oliva

PARA LA MAMÍA DE ALCACHOFA

400 ml de leche de oveja
4 peladuras de 4 alcachofas
Cuajo líquido

OTROS

Sal en escamas

PARA EL ACEITE Y EL CARPACCIO DE GAMBAS

Pelar las gambas, desechar las cáscaras y reservar las cabezas.

Poner las cabezas en un cazo estrecho cubiertas de aceite de oliva. Aplastarlas y confitar durante 10 min a fuego bajo. Dejar templar y colar.

Limpiar las gambas de tripa, lavar suavemente bajo un chorro de agua fría, escurrir y secar con papel absorbente.

Partir papel de horno de 10 por 10 cm. Impregnar de aceite y colocar 2 gambas. Volver a impregnar de aceite, cortar otro trozo de iguales dimensiones, cubrir las gambas y aplastar con ayuda de una espalmadera de carne. Repetir la operación con el resto de las gambas. Congelar durante 2 h.

PARA LA MAMÍA DE ALCACHOFA

Infusionar la leche con las peladuras de las alcachofas limpias durante 20 min a fuego bajo. Colar y reservar.

Servir unas 4 gotas de cuajo líquido sobre un plato hondo. Calentar la leche a 40 °C y colocar sobre cada recipiente. Remover y dejar reposar durante 1 h 30 min.

TERMINACIÓN

Tirar del papel del carpaccio de gambas y colocar este sobre cada cuajada. Con ayuda de un soplete, calentar la superficie sin que se llegue a quemar, hasta que la carne esté cocinada.

Regar con aceite de las cabezas de las gambas y espolvorear con sal en escamas.

Ravioli relleno de dátiles y panceta ahumada con salsa de hongos

40 min

4

Fácil

PARA EL RELLENO

8 dátiles
1 cebolla
4 lonchas de panceta ahumada
60 g de queso curado de oveja
1 diente de ajo
1 cucharada de aceite de oliva

PARA LA SALSA DE HONGOS

105 g de boletus confitados
300 ml de leche evaporada
1 diente de ajo
1/2 cebolleta
Pimienta
Aceite de olvia
Sal

PARA LAS OBLEAS

24 obleas de pasta wonton
Aceite de oliva

OTROS

40 g de queso curado de oveja
45 g de boletus confitados
Perejil rizado

PARA EL RELLENO

Picar muy menuda la cebolla, y pochar a fuego medio junto con la panceta. Añadir la cucharada de aceite y dejar al fuego hasta que esté dorado.

Agregar el ajo muy picado y los dátiles. Remover y cocinar unos minutos. Retirar y escurrir el exceso de grasa con ayuda de un colador.

Picar el queso a cuchillo y añadir a esta mezcla.

PARA LA SALSA DE HONGOS

Dorar a fuego medio la cebolleta con un poco de aceite de oliva junto con el ajo. Agregar los boletus picados y remover. Regar con la leche evaporada. Dar un hervor y triturar con una batidora. Salpimentar y reservar caliente.

PARA LAS OBLEAS

Cocer las obleas unos 20 s en abundante agua con sal. Nada más cocidas, meterlas en agua helada para cortar la cocción. Extender lo antes posible sobre una superficie ligeramente aceitada para que escurran.

Rellenar la mitad de las obleas con la mezcla de dátiles y panceta. Cerrar con la otra mitad, presionar con los dedos y, con ayuda de un cortapastas, formar raviolis.

Templar la pasta rellena en el horno, en agua templada o en el microondas.

TERMINACIÓN

Servir los raviolis salseados con la crema de boletus. Decorar con láminas de boletus confitados y perejil. Rallar queso por encima de la pasta.

Salmorejo con ensalada de aguacate, tomates asados y boquerones en vinagre

35 min

4

Fácil

PARA LOS TOMATES

2 tomates de rama
3 cucharadas de salsa de soja
1 cucharada de mirin
1 diente de ajo
5 g de lemongrass rallado
3 g de jengibre fresco pelado

PARA EL SALMOREJO

500 g de tomates maduros
95 g de pan del día anterior
1/2 diente de ajo
Vinagre de jerez al gusto
100 ml de aceite de oliva extra
Sal

PARA LA ENSALADA DE AGUACATE

2 aguacates maduros
5 golpes de tabasco
1 lima
1/2 cucharada de cilantro fresco picado
1/2 diente de ajo
Pimienta
Aceite de oliva virgen extra
Sal

PARA LOS TOMATES

Escaldar en agua hirviendo los tomates. Pelar, cortar en cuartos y despepitar.

Triturar la salsa de soja y el mirin con el diente de ajo, el jengibre y el lemongrass. Volcar dentro de un bol junto con los tomates, mezclar y dejar reposar durante el resto del proceso.

PARA EL SALMOREJO

Triturar los tomates, junto con el pan, un pellizco de sal, el ajo, el aceite y el vinagre. Colar por un chino, rectificar el punto de sal y vinagre. Reservar en frío.

PARA LA ENSALADA DE AGUACATE

Pelar los aguacates y partir en cubos. Mezclar en un bol con sumo cuidado junto con el zumo de la lima, el diente de ajo machacado en mortero, el tabasco, el cilantro y un par de cucharadas de aceite de oliva. Salpimentar y reservar en frío.

TERMINACIÓN

Precalentar el horno a 210 °C. Poner los tomates escurridos e impregnados en aceite de oliva en una rejilla y asar durante 6 min. Retirar.

Colocar un aro de emplatar en un plato sopero. Rellenar la mitad del aro con la ensalada de aguacate y la otra mitad con los tomates asados. Decorar con un boquerón.

Sin desmoldar, añadir un poco de salmorejo batido por la mitad del plato. Decorar con unas gotas de aceite y perejil rizado. Desmoldar y servir.

OTROS

4 lomos de boquerón en vinagre
Perejil rizado
2 cucharadas de aceite de oliva virgen extra

Conejo de Cipriano

60 min

4

Fácil

PARA EL CALDO

1 espinazo de conejo
2 zanahorias
1 apio
1 cebolla roja
1 l de caldo de verduras
o consomé

PARA EL CONEJO

1 conejo
200 ml de vino blanco seco
50 g de tomate concentrado
6 tomates
1 cebolla
1 pimiento rojo
2 pimientos verdes
1 hoja de laurel
½ calabacín
Romero
Tomillo
Pimienta
Aceite de oliva
Sal

PARA EL CALDO

Cocer durante 30 min el espinazo tostado del conejo con las zanahorias limpias, el apio partido, la cebolla cortada en trozos y el caldo de verduras o consomé. Reservar caliente.

PARA EL CONEJO

Trocear y pochar la cebolla y los pimientos rojo y verdes. Cuando las verduras estén blandas, añadir la hoja de laurel, romero y tomillo. Agregar a continuación el calabacín partido y dejar al fuego unos minutos más. Retirar las verduras y en el mismo aceite marcar el conejo partido, previamente salpimentado. Volver entonces a incorporar las verduras a la cacerola y seguir rehogando. Añadir los tomates troceados y pochar.

Mojar con el vino blanco y dejar reducir. Agregar el tomate concentrado y echar poco a poco el caldo anteriormente preparado hasta conseguir el punto justo del conejo y una salsa espesa y atomatada. Rectificar de sal si fuera necesario. También se puede añadir unos trozos de patata al guiso para que se cuezan a la vez que el conejo.

TERMINACIÓN

Una vez que se ha elaborado el guiso, tornear unas patatas y pocharlas en un aceite aromatizado con ajo y tomillo. Para elaborar este aceite introducir en una cazuela de barro una cabeza de ajo partida por la mitad y una rama de romero o tomillo y dejar templar el ajo a 90 °C durante 20 min. Retirar el aceite una vez pochadas las patatas y dejar las patatas confitadas y torneadas, dos piezas de conejo, salsear y añadir una rama de romero.

RECETA TOP CHEF

OTROS

4 patatas
1 cabeza de ajo

Cocochas al pilpil *con patatas a la importancia*

45 min

4

Media

PARA EL ACEITE DE GUINDILLA

5 dientes de ajo
1 guindilla pequeña
Aceite de oliva virgen extra
Sal

PARA LAS PATATAS

3 patatas medianas
1 huevo
Harina
Aceite de oliva
Sal

PARA LA SALSA

200 ml de caldo de bacalao
50 ml de vino
2 lonchas de jamón ibérico
1 cebolla pequeña
2 dientes de ajo
1/2 cucharadita de harina
Aceite de oliva virgen extra

PARA EL ACEITE DE GUINDILLA

Confitar los dientes de ajo y la guindilla dentro del aceite a 80 °C durante 15 min. Reservar.

PARA LAS PATATAS

Pelar las patatas y cortarlas a 1/2 cm de grosor. Sazonar, pasar por harina y huevo batido.

Freír los medallones de patata a fuego bajo, hasta que estén dorados, evitando que se quemen por fuera y se queden crudos por dentro. Reservar sobre papel absorbente.

PARA LA SALSA

Picar la cebolla muy menuda junto con el ajo. Poner dentro de una cazuela ancha junto con unas 5 cucharadas de aceite de oliva virgen extra junto con el jamón muy picado. Pochar hasta tornar ligeramente dorada.

Espolvorear con la harina y dejar tostar removiendo de vez en cuando. Regar con el vino y dejar evaporar. Agregar el caldo caliente, sazonar e incorporar las patatas. Cocer a fuego muy bajo.

PARA LAS COCOCHAS

Mientras, limpiar las cocochas y secarlas con papel absorbente. Sazonar e introducir en el aceite de guindilla. Calentar al mínimo por cada cara durante 1 min, viendo a la cocochа soltar la gelatina en el aceite. Apagar el fuego.

PARA LAS COCOCHAS

12 cocochas de bacalao
1 cucharada de perejil fresco picado
150 ml de aceite de oliva virgen extra
Sal

Girar el contenido de la cazuela moviendo y describiendo círculos, de manera suave, haciendo ligar la gelatina con el aceite hasta lograr una salsa espesa y ligada. Sazonar y espolvorear con perejil fresco.

TERMINACIÓN

Disponer una base de patatas en el plato y encima de ellas las cocochas. Espolvorear con perejil fresco picado.

Dhal de lentejas amarillas con hongos y romero

40 min

4

Fácil

PARA EL DHAL

200 g de lentejas amarillas
500 ml de caldo de setas
1 zanahoria pequeña
1 tomate rallado
1 patata pequeña
2 dientes de ajo
1/2 cucharada de jengibre pelado y picado
1/2 puerro
1/2 cucharadita de cúrcuma
1/2 cucharadita de pasta de trufa blanca
4 cucharadas de aceite de oliva
Pimienta blanca
Sal

PARA EL SALTEADO

20 g de boletus u hongos limpios
2 lonchas de speck tirolés
1/2 diente de ajo
Unas briznas de romero
Aceite de oliva virgen extra
Pimienta
Sal

PARA EL DHAL

Picar las verduras muy menudas. Poner en una cazuela unas 4 cucharadas de aceite de oliva. Pochar a fuego medio alto las verduras hasta que estén doradas.

Añadir las especias y las lentejas. Rehogar y cubrir con el caldo.

Cocer tapado a fuego bajo durante 30 min. Triturar junto con la pasta de trufa y salpimentar.

PARA EL SALTEADO

Trocear los hongos y picar el speck tirolés.

Calentar una sartén con 3 cucharadas de aceite de oliva virgen extra, agregar los hongos, el picado de speck y el diente de ajo machacado en mortero. Saltear hasta que esté dorado, pero sin que se llegue a quemar, junto con unas hojas de romero.

Salpimentar y retirar.

TERMINACIÓN

Servir el dhal en unos lustrosos vasos como base y colocar encima los hongos salteados.

Gachas con rape y gambas

40 min

4

Fácil

PARA LAS GACHAS

4 carrillos grandes de rape
8 gambas
50 g de harina de almortas
1 l de caldo de pescado
1 loncha de jamón ibérico
1 guindilla pequeña
1 cucharada sopera de pimentón
Perejil fresco picado
4 dientes de ajo
Aceite de oliva virgen extra
Sal

PARA EL ACEITE DE PIMENTÓN

4 cucharadas de aceite de oliva virgen extra
1 cucharadita de pimentón

OTROS

4 brotes de cebollino

PARA LAS GACHAS

Confitar en 115 g de aceite de oliva los carrillos de rape a 60 °C durante 20 min, junto con 3 dientes de ajo pelados y aplastados. Colar el aceite y reservar la carne tapada con papel film a temperatura ambiente.

Hornear la loncha de jamón entre dos papeles sulfatados a 120 °C, hasta lograr un crujiente y dorado jamón. Retirar y secar el exceso de grasa con papel absorbente. Picar tan fino como se pueda y reservar.

Pelar las gambas y guardar la carne sin intestino en la nevera. Introducir las cabezas en el aceite de rape en un cazo junto con la guindilla a fuego bajo hasta que comiencen a cocinarse y a soltar el líquido. Colar el aceite.

Calentar en una cazuela dicho aceite junto la cucharada de pimentón y, acto seguido, con la harina de almortas, tostándola suavemente a fuego medio.

Agregar poco a poco el caldo caliente, dejando consumir el líquido e incorporando más según vayan requiriendo las gachas. Dejar una textura suave y ligera (no como las tradicionales) y sazonar.

Templar el rape dentro del horno todavía caliente. En una sartén antiadherente, calentar a fuego medio unas 3 cucharadas de aceite de oliva. Agregar el diente de ajo restante, pelado y muy picado. Cuando tome color, añadir rápidamente las colas de gambas, sazonar y espolvorear con un pellizco de perejil fresco picado. Mezclar y retirar del fuego.

PARA EL ACEITE DE PIMENTÓN

Calentar 4 cucharadas de aceite de oliva a 100 °C, apagar el fuego y, cuando baje a 70 °C, añadir el pimentón, remover constantemente y bajar la temperatura dentro de un baño maría de agua con hielo, colar y reservar.

TERMINACIÓN

Colocar a un lado del plato el rape y por encima poner las colas de gambas. Servir las gachas al otro lado. Espolvorear con el crujiente de jamón y unas gotas de aceite de pimentón. Decorar con un brote de cebollino sobre cada plato.

Manitas de cerdo *rellenas de hongos y trufa con alubias*

3 h + 24 h de maceración

4

Difícil

PARA EL RELLENO

30 g de boletus secos
5 g de trufa melanosporum
50 ml de nata
40 ml de brandi
20 ml de jugo de trufa
2 dientes de ajo
1 1/2 cebolla grande
6 cucharadas de aceite

PARA LAS MANITAS

4 manitas abiertas a la mitad
150 g de fondo oscuro
1 cebolla grande
5 granos de pimienta
1 cabeza de ajo
1 hoja de laurel
Sal

PARA EL RELLENO

Picar la cebolla pelada muy menuda, pochar en unas 6 cucharadas de aceite de oliva junto con los dientes de ajo muy picados, a fuego medio, hasta tornar dorada.

Añadir las setas y rehogar. A continuación regar con el brandi y dejar evaporar. Añadir también el jugo de trufa y la nata. Cocinar hasta obtener una crema con cuerpo ligero, rallar la trufa y mezclar. Retirar del fuego y reservar.

PARA LAS MANITAS

Dejar las manitas en agua helada durante 30 min, para desangrarlas todo lo posible. Introducir dentro de una olla cubiertas con agua y poner a hervir.

Retirar, desechar y volver a cubrir con agua, esta vez dentro de una olla exprés junto con una cebolla cortada en cuartos, unos granos de pimienta, la hoja de laurel, la cabeza de ajo y sal. Hervir durante 45 min. Reservar.

Con las manitas templadas, desprender la carne, deshuesando sin romper la forma de la propia manita. Dejar cada una de ellas ligeramente extendida sobre un buen pliego de papel de horno, una pegada a otra, superponiendo, intentado formar un rectángulo.

Extender el relleno a lo largo de las manitas y cerrarlas sobre sí mismas rápidamente antes de que enfríe, se coagule la gelatina de las manitas y se haga más difícil manipular el producto.

PARA LAS ALUBIAS

100 g de alubias
150 g de fondo oscuro
1 zanahoria grande
1/2 calabacín
4 cucharadas de aceite de oliva
Sal

OTROS

Tomillo limonero fresco

Cerrar, creando un rulo, dejando el relleno en su interior. Envolver este cilindro con papel aluminio, prensando con ayuda del giro de los extremos, a modo de caramelo gigante. Hornear a 160 °C durante 30 min para compactar el producto. Templar y guardar en la nevera durante 12 h.

Cuando haya pasado el tiempo, desmoldar el rulo de manitas, partir en porciones y sobre una sartén antiadherente, marcar por ambas caras a fuego fuerte con unas gotas de aceite.

Colocar sobre una bandeja forrada de papel de horno. Disponer sobre cada rulo una cucharada de fondo oscuro, napando homogéneamente. Hornear durante 10 min a 170 °C.

PARA LAS ALUBIAS

Hidratar las alubias la noche anterior con abundante agua.

Colar el caldo de las manitas y cocer las alubias en este caldo a fuego medio bajo. Una vez que rompa a hervir, corregir de sal. Cocer durante 1 h, aproximadamente, hasta que estén tiernas, pero no deshechas ni abiertas. Escurrir y guardar el caldo para algún otro guiso.

Picar la zanahoria y el calabacín finamente. Pochar las verduras con unas 4 cucharadas de aceite de oliva a fuego medio, y añadir las alubias y el fondo oscuro. Dar un hervor y reservar. Corregir de sal.

TERMINACIÓN

Servir cada rulo junto con las alubias con verduritas. Decorar con tomillo limonero fresco.

Perdiz *de dos cocciones en pepitoria de erizos*

1 h 30 min

4

Fácil

PARA EL CALDO

600 ml de caldo de ave
4 carcasas de perdiz
3 granos de pimienta rotos
2 clavos de olor
1 hoja de laurel

PARA EL ACEITE DE ERIZOS

30 g de yemas de erizos en conserva
35 g de aceite de oliva

PARA LA SALSA

17 g de pan de molde
20 g de almendras
20 g de piñones
35 g de yemas de erizo frescas
500 ml de caldo de ave
3 dientes de ajo
1 huevo poché
½ cebolla grande
½ cucharada de cúrcuma
50 ml de vino blanco
Unas hebras de azafrán
Aceite de oliva

PARA EL CALDO

Limpiar las perdices y separar en pechugas y cuartos traseros. Reservar la carne.

Dorar en una cazuela todas las carcasas de perdiz a fuego medio fuerte. Regar con el caldo de ave, adicionar las especias y dejar cocer tapado durante 30 min. Apagar y dejar enfriar a temperatura ambiente. Colar y reservar.

PARA EL ACEITE DE ERIZOS

Triturar las yemas de erizo en conserva con el aceite y reservar.

PARA LA SALSA

Freír en abundante aceite de oliva a fuego medio el pan, los dientes de ajo sin pelar y los frutos secos, hasta que se doren. Colocar sobre papel absorbente para retirar el exceso de grasa.

Pochar en una cazuela con unas 6 cucharadas de aceite de oliva la cebolla muy picada. Dejar hasta que se dore. Agregar entonces el azafrán y la cúrcuma, tostar y regar con el vino blanco. Dejar consumir.

Añadir 500 ml de caldo de ave, el pan frito, los frutos secos, los ajos pelados y las yemas de erizo. Dejar cocer durante 5 min, triturar junto con el huevo poché, colar y reservar.

PARA LA PERDIZ

Dorar en una cacerola limpia a fuego medio alto 5 cucharadas de aceite y los cuartos traseros de las perdices salpimentados.

PARA LA PERDIZ

2 perdices
2 puerros (solo lo verde)
1 cucharada de perejil fresco picado
Pimienta negra
Aceite de oliva
Sal

Retirar el aceite de oliva y añadir a la cazuela la salsa, bajar el fuego al mínimo, corregir el punto de sal y tapar. Cocer durante 45 min, revisando la evaporación de la salsa y corrigiendo con agua si fuese necesario. Espolvorear con perejil fresco recién picado.

Dorar en una sartén antiadherente a fuego fuerte las pechugas de las perdices salpimentadas e impregnadas de aceite, hasta que estén doradas por ambas caras. Retirar y, sobre la misma sartén y con unas gotas extras de aceite de oliva, saltear el verde del puerro cortado en juliana al bies a contra de la fibra de la verdura. Sazonar ligeramente.

TERMINACIÓN

Dibujar en un plato unas líneas de salsa con ayuda de una cuchara de manera asimétrica. Dentro de un aro de emplatar, colocar una cantidad de puerro, desmoldar, servir la perdiz estofada en la salsa, la pechuga laminada y unas gotas de aceite de erizos.

Rabo de toro *relleno de gambones con patatas y alcachofas*

1 h 40 min
+ 4 h de nevera

4

Difícil

PARA EL RELLENO

8 gambones
2 cebolletas
2 boletus medianos y firmes
Aceite de oliva virgen extra
Sal

PARA EL RABO DE TORO

2 kg de rabo de toro (en piezas enteras)
1 kg de cebollas picadas finamente
300 g de zanahorias picadas en dados pequeños
200 g de tomates triturados
6 dientes de ajo
1/2 cucharada de pimentón dulce
1 ramillete de hierbas (romero, tomillo y orégano fresco)
1,5 l de vino tinto
Harina
Pimienta
Aceite de oliva virgen extra
Sal

PARA EL RELLENO

Pelar los gambones y reservar los cuerpos limpios de intestino en la nevera. Hacer un caldo corto con las cáscaras y las cabezas, dorando primeramente y luego añadiendo un vaso grande de agua. Cocer a fuego bajo durante 5 min, colar, aplastar y reservar.

Pelar las cebolletas y cortarlas en juliana. Pochar a fuego bajo con unas 4 cucharadas de aceite de oliva. Añadir el caldo de gambones y dejar reducir. Reservar.

Laminar finamente los boletus con ayuda de una cortadora eléctrica. Entre dos papeles de horno impregnados de aceite y algo de sal, hornear a 100 °C con un peso encima, hasta obtener unos fabulosos crujientes.

Reservar entre papeles y gel de sílice para evitar que se humedezcan. Vigilar que no se quemen.

PARA EL RABO DE TORO

Partir las vértebras del rabo por las coyunturas en solo tres partes.

Sazonar las piezas del rabo y enharinar ligeramente. Freírlas con aceite en una olla exprés. Han de quedar bien doradas por todos lados. Retirar y desechar el aceite sobrante. Reservar la carne.

Poner en la misma cazuela aceite nuevo y sofreír a fuego medio el ajo, la zanahoria, y la cebolla peladas. Añadir las hierbas y dejar que tomen color.

PARA LAS PATATAS Y ALCACHOFAS

2 patatas grandes
2 alcachofas
1 limón
30 g de mantequilla clarificada
Pimienta
Aceite de oliva
Sal

OTROS

Albahaca mini

Agregar entonces una cucharada de harina y pimentón. Tostar y, rápidamente, incorporar los tomates. Dejar cocer unos minutos para que el tomate pierda su humedad. Incorporar los trozos de rabo fritos y mezclar bien. Regar con el vino y dejar que el alcohol se evapore y el líquido reduzca un tercio.

Cubrir con agua, sazonar y dejar cocer tapado a fuego suave durante unos 45 min.

Dejar entibiar el rabo en el mismo caldo antes de abrir la olla (comprobar si la carne está tierna, si no, dejar 10 min más a fuego bajo). Retirar las piezas de rabo del caldo y reservar.

Colar el caldo y dejar reducir a fuego medio bajo. Cuando la salsa se convierta en casi un caramelo ligerísimo, apagar y reservar. Poner a punto de pimienta. Cuidado con sazonar en exceso el caldo de cocción, para evitar que la salsa se sale demasiado.

Deshuesar el rabo con las manos procurando no romper demasiado la carne. Disponer sobre papel de horno conservando la forma alargada del rabo. Colocar sobre este los gambones y el encebollado. Enrollar sobre sí mismo y luego, a su vez, envolver con papel de aluminio, cerrando los extremos a modo de caramelo gigante, para que quede bien prensado el interior. Dejar enfriar 4 h en la nevera.

Desatar el rabo, partir en porciones y marcar por ambas caras en otra sartén antiadherente. Terminar en el horno a 150 °C durante 15 min.

→

Rabo de toro relleno de gambones con patatas y alcachofas

PARA LAS PATATAS Y ALCACHOFAS

Limpiar las alcachofas y las patatas. Cortar en cuartos las primeras e impregnar de zumo de limón para evitar la oxidación. Con ayuda de un descorazonador de frutas, sacar cilindros de las patatas.

Cocer en agua con sal y limón a fuego bajo las alcachofas durante 15 min. Dejar enfriar en su agua.

Cocer en agua con sal las patatas hasta que estén tiernas (depende de la variedad de la patata).

Saltear las patatas y las alcachofas con mantequilla clarificada hasta dorar por completo. Salpimentar y mantener calientes.

TERMINACIÓN

Colocar la carne en un plato, napar con la salsa reducida caliente, acompañar con las alcachofas y las patatas y decorar con alguna lágrima de salsa y albahaca mini.

Alubias con berberechos

2 h, aproximadamente

4

Media

PARA LAS ALUBIAS

300 g de alubias
1 cabeza de ajo
1 hoja de laurel
1 cebolla pequeña
1 zanahoria
1 tomate rojo

PARA EL SOFRITO

250 g de berberechos
100 ml de vino blanco
1 cebolleta
3 dientes de ajo
1/2 cucharada de pimentón
Aceite de oliva

PARA LAS ALUBIAS

Poner las alubias en remojo con abundante agua la noche anterior.

Una vez hidratadas, cocer cubiertas de agua limpia junto con los ajos, el laurel, el tomate lavado y la zanahoria y la cebolla peladas.

Hervir a fuego lento durante 1 h 30 min, aproximadamente (dependerá del tipo de alubia y de la calidad de esta).

PARA EL SOFRITO

Limpiar bien los berberechos en agua con sal por si tuvieran algo de tierra.

Picar la cebolleta y los ajos y sofreírlos con un poco de aceite y sal. Añadir el pimentón y el vino blanco. Reducir hasta que se evapore el alcohol y agregar los berberechos. Tapar y esperar hasta que se abran.

TERMINACIÓN

Añadir las alubias y el caldo necesario de las propias alubias al sofrito de berberechos. Comprobar el punto de sal.

Servir calientes en plato hondo.

Lentejas con cordero

1 h

4

Fácil

INGREDIENTES

600 g de costillar de cordero
300 g de lentejas pardinas
100 ml de vino blanco rancio
12 trigueros finos
1 cebolla roja
1 cebolleta
2 dientes de ajo
1 tomate
1/3 de pimiento rojo dulce mediano
1/3 de pimiento italiano mediano
1/2 puerro
Caldo de cordero (o de ave)
2 cucharadas de perejil fresco picado
1 cucharada de pimentón de la Vera
Pimienta negra
Laurel
Aceite de oliva
Sal

Dejar las lentejas en remojo mientras se preparan el resto de los ingredientes.

Separar las costillas con un cuchillo afilado (mejor si el carnicero ya las deja preparadas), salpimentar y dorar con 2 cucharadas de aceite a fuego medio alto, por todas sus caras. Reservar.

Retirar el exceso de grasa de la cazuela donde se han hecho las costillas y sofreír en ella (aunque tenga restos de cordero) a fuego medio, junto con 2 cucharadas de aceite, la cebolleta, el puerro, los pimientos y el tallo de los trigueros (reservar las yemas), lavados y cortados muy menudos.

Agregar los ajos machacados en mortero y, cuando doren, añadir el tomate escaldado, pelado, despepitado y picado, junto con el laurel y el pimentón.

Cuando reduzca el sofrito a una salsa espesa añadir el vino blanco y dejar reducir hasta que prácticamente se evapore. Adicionar las lentejas escurridas, las costillas y el perejil fresco y cubrir el conjunto con caldo de cordero, o de ave si no se dispone del anterior. Salpimentar y hervir lentamente. Desespumar impurezas mientras se cuecen.

Transcurridos unos 25 min, agregar las yemas de los trigueros y dejar cocinar a fuego muy bajo, desespumando cada poco tiempo hasta que las lentejas estén blandas. Corregir de sal.

TERMINACIÓN

Servir las lentejas con cebolla roja cruda cortada en finísima juliana.

Patatas marineras con rape y bogavante

1 h 15 min

4

Media

PARA EL MAJADO

1 manojo de perejil
10 almendras tostadas
6-8 pistilos de azafrán
1 diente de ajo
Aceite de oliva
Sal

PARA LAS PATATAS MARINADAS

500 g de patatas
250 g de rape
250 g de almejas
100 ml de vino blanco
1 bogavante
1 cebolla
3 dientes de ajo
Aceite de oliva
Sal

PARA EL MAJADO

Moler el azafrán con un pellizco de sal. Incorporar las almendras, moler y terminar con el ajo y el perejil, previamente picado. Añadir dos cucharadas de aceite y remover. Reservar.

PARA LAS PATATAS MARINADAS

Separar la cabeza de las pinzas y del cuerpo del bogavante. Recoger el coral o partes blandas de la cabeza y poner a cocer en un recipiente con agua hirviendo y un poco de sal (no demasiada para aprovecharla para las pinzas y el cuerpo).

Dejar cocer el cuerpo 3 min y las pinzas 3 min y medio. Enfriar inmediatamente.

Pelar el cuerpo y las pinzas y reservar la carne. Cocer la cabeza del bogavante en el agua de cocción durante 20 min. Colar y reservar.

Dorar en un saute el rape con un poco de aceite. Añadir la cebolla y los ajos picados, dejar sofreír sin que coja color, añadir el vino y dejar evaporar el alcohol.

Añadir las patatas cortadas en cachelos y mojar con el caldo del bogavante hasta cubrir. Cocer hasta que estén casi blandas e incorporar las almejas y el majado diluido con un poco de caldo de bogavante.

Incorporar el rape y el bogavante pelado y cocer un par de minutos más hasta que las patatas estén listas.

TERMINACIÓN

Servir las patatas bien calientes en plato hondo.

Porrusalda con bacalao confitado

40 min

4

Fácil

PARA LA CREMA DE PATATA

1 l de caldo de verduras
100 ml de nata líquida
25 g de mantequilla
2 puerros gruesos y largos (la parte blanca)
1 patata mediana
1 cebolla
Pimienta
40 ml de aceite de oliva
Sal

PARA EL CONFITADO

1 lomo de bacalao desalado de unos 400 g
1 cabeza de ajo
500 ml de aceite de oliva virgen

PARA EL JAMÓN

50 g de jamón ibérico
Aceite de oliva

PARA LA CREMA DE PATATA

Pelar los puerros y la cebolla, y cortarlos finamente. Pelar la patata y partirla «chascándola» con ayuda de una puntilla en trozos gruesos.

Pochar a fuego muy lento los puerros, la cebolla y la patata con el aceite. Sazonar un poco para que se ablande antes. No hay que dejar que las verduras se oscurezcan.

Una vez todo muy pochado, añadir el caldo de verduras y hervir durante 30 min a fuego muy lento.

Retirar la mayor parte del caldo y triturar la patata y el puerro junto con la mantequilla y la nata hasta obtener un puré fino y cremoso (añadir el caldo poco a poco para que quede menos líquido). Salpimentar y reservar caliente.

Colar el resto del caldo y rectificar de sal. Reservar caliente.

PARA EL CONFITADO

Poner el aceite de oliva y la cabeza de ajo en un recipiente. Confitar a fuego muy lento durante 15 min. Retirar del fuego y enfriar hasta unos 80 °C. Añadir el bacalao cortado en ocho trozos y dejar unos 5 min. Escurrir y reservar sobre papel absorbente.

PARA EL JAMÓN

Cortar el jamón en juliana y saltearlo con unas gotas de aceite a fuego medio hasta que esté ligeramente dorado.

TERMINACIÓN

Presentar en un plato sopero un par de cucharadas de crema de patata; disponer sobre ella el bacalao y encima unas tiras de jamón. Servir el caldo de puerros teniendo en cuenta que debe quedar equilibrado su punto de sal con la que aporte el propio bacalao.

Arroz de perdiz *con ajo, verdura de huerta y limón*

1 h

4

Media

PARA EL CALDO

Las carcasas de las perdices
2 alcachofas
1 puerro
1 nabo

PARA LA CONFITURA DE LIMÓN

1 limón
Azúcar

PARA EL ARROZ

300 g de arroz bomba
3 perdices de 500 g cada una
200 g de coliflor
3 tomates
1 cebolla
8 dientes de ajo
1 puerro joven
2 alcachofas
Un chorrito de brandi
40 g de tocino
Aceite
Pimentón
Azafrán

PARA EL CALDO

Hacer un caldo con las carcasas de las perdices, el puerro, el nabo y las alcachofas. Se necesitan unos 4 l de caldo.

PARA LA CONFITURA DE LIMÓN

Preparar una confitura sensible con el limón. Para ello, cortar el limón (con piel y todo) en cuadraditos y añadir la misma cantidad de azúcar que pese el limón. Mezclar bien y dejar macerar durante 1 h para obtener una mermelada natural.

PARA EL ARROZ

En el caldo que se hizo anteriormente brasear y confitar 8 trozos de puerro blanco con tocino. Limpiar y cortar en cuartos las alcachofas, sumergirlas en agua mineral con un chorrito de aceite y reservarlas hasta su utilización.

Por otro lado, coger la coliflor y 6 dientes de ajo y brasearlo todo caramelizándolo de forma que quede tostado. Mojarlo con otro poquito de caldo y, cuando esté blando, triturar para obtener un puré fino (como un alioli).

Por otra parte, sofreír 2 dientes de ajo, agregar la cebolla picada finamente y añadir los tomates rallados. Cuando esté todo meloso, añadir pimentón y azafrán. Deshuesar las patas de perdiz, picarlas, saltearlas en sartén, desglasar con brandi y volcar en el sofrito. Echar el caldo restante y dejar cocinar 10 min.

RECETA TOP CHEF

A continuación, incorporar el arroz. Cocer a máxima potencia durante 8 min. Cortar la cocción con 3 cucharadas del puré de coliflor y ajos y las alcachofas que se habían reservado, salteadas previamente, y dejar cocer el arroz otros 8 min más a fuego mínimo. Dejar reposar el arroz 5 min cubierto con un paño de cocina.

TERMINACIÓN

Colocar en un plato una base de la confitura de limón, encima el arroz y los trozos de puerro confitado y terminar con la pechuga de perdiz a la plancha.

Arroz de morcilla, codorniz, ajetes y setas

1 h

4

Fácil

PARA EL ACEITE VERDE

50 ml de aceite de oliva virgen extra
1 manojito de perejil

PARA EL ARROZ

280 g de arroz redondo
18 g de setas secas
900 ml de agua
1 morcilla de cebolla mediana
1 manojo de ajetes
2 codornices limpias
2 carcasas de pollo
1 zanahoria
1 penca de apio
1/2 puerro
Pimienta negra
Romero fresco
Aceite de oliva virgen extra
Sal

PARA EL ACEITE VERDE

Escaldar las hojas de perejil en agua hirviendo, retirar sobre agua con hielo para cortar la cocción, escurrir y secar con un papel de cocina. Triturar con el aceite y colar de nuevo. Reservar.

PARA EL ARROZ

Con ayuda de un cuchillo afilado, limpiar las codornices, extrayendo las pechugas y los cuartos traseros por separado. Reservar en el frigorífico. Trocear las carcasas junto con las de pollo.

Limpiar los ajetes y el puerro. Reservar el material desechable de las verduras.

Calentar en una olla exprés unas 3 cucharadas de aceite de oliva, añadir las carcasas y dorar a fuego fuerte. Añadir la zanahoria pelada y picada junto con el apio y las verduras reservadas, rehogar y agregar el agua. Bajar la intensidad del fuego una vez rompa a hervir, tapar la olla y cocer a máxima presión durante 15 min. Apagar el fuego y dejar templar antes de abrir. Colar y reservar el caldo.

Impregnar los cuartos traseros de codorniz con aceite de oliva, sal y pimienta molida. Asar en el horno precalentado a 190 °C durante 18 min.

Picar muy menudo el puerro y los tallos de los ajetes, reservando las yemas de estos últimos. Añadir a una cazuela con unas 6 cucharadas de aceite de oliva y el arroz. Rehogar a fuego medio alto, evitando quemar los ingredientes. Desmenuzar la morcilla y volcar las setas, remover y agregar el caldo caliente, sazonar. Cocinar a fuego fuerte los primeros 5 min, bajar de intensidad y dejar otros 10 min a fuego medio bajo. Agregar una ramita de romero.

Salpimentar las pechugas y marcar en el último momento sobre una sartén bien caliente, dorando ambas caras y dejándolas jugosas por dentro.

TERMINACIÓN

Rellenar un molde cuadrado de emplatar con una cuarta parte del arroz, a continuación, laminar las pechugas y servir una junto con un muslo asado. Decorar con un círculo de aceite verde y unas hojas de romero.

Arroz de rape, verduritas y carabineros

50 min

4

Fácil

PARA EL ACEITE DE CARABINEROS

4 carabineros pequeños
100 ml de aceite de oliva virgen extra

PARA EL ARROZ

200 g de arroz bomba
140 g de lomo de rape limpio
65 g de calabacín
50 g de puerro
720 ml de caldo de rape
4 carabineros medianos
1 vaina de judía verde ancha y grande
1 tallo de espárrago triguero
1 diente de ajo
2 cucharadas de perejil fresco
Aceite de oliva
Sal

PARA EL ACEITE DE CARABINEROS

Pelar los carabineros pequeños, reservar los cuerpos para otros usos, e introducir las cáscaras y cabezas en un cazo alto y estrecho junto con el aceite de oliva virgen extra. Poner a fuego bajo durante 15 min, evitando que el aceite se ponga a hervir. Colar y presionar las cabezas junto con el aceite. Reservar.

PARA EL ARROZ

Lavar, limpiar y picar las verduras a un tamaño menudo y regular. Reservar.

Cortar en cubos el pescado limpio de piel y espina y guardar en la nevera.

Rehogar en una sartén el arroz con unas 5 cucharadas de aceite de oliva a fuego medio, sellando el grano; añadir las verduras, remover unos instantes y regar con el caldo bien caliente a fuego alto.

Cuando rompa a hervir, bajar el fuego a intensidad media, sazonar y cocinar durante 17 min. A falta de 2 min, agregar el rape sazonado y abundante perejil fresco picado.

Pelar los carabineros grandes, evitando separar la colita y la cabeza. Con ayuda de un palo de brocheta de madera, atravesar el cuerpo del carabinero desde la cola hasta la cabeza, de modo que, al cocinar el crustáceo, se mantenga estirado y no encoja. Reservar en la nevera.

Calentar a tope una sartén antiadherente, impregnar los carabineros con aceite de oliva, sazonar e introducir dentro de la sartén. Tapar, apagar el fuego y dejar sobre una rejilla, mientras se cocinan con su propio vapor.

TERMINACIÓN

Disponer sobre cada plato una cantidad de arroz con forma alargada y colocar el carabinero encima. Batir el aceite de carabinero y decorar con ayuda de una cuchara, formando líneas y puntos dispares alrededor de la comida.

Arroz y cigala

35 min

4

Fácil

PARA EL ACEITE DE CILANTRO

2 cucharadas de cilantro fresco
Aceite de oliva

PARA EL ARROZ

300 g de arroz de grano grande
700 ml de caldo de marisco
3 chalotas
1 tomate
1 cucharadita de pasta de curry rojo
1 diente de ajo
1/2 cucharadita de cúrcuma
Unas briznas de azafrán
Aceite de oliva virgen extra

PARA LAS CIGALAS

2 cigalas de tronco grandes y frescas
1 cucharadita de té negro ahumado
2 cucharadas de nam pla (salsa de pescado)
1 cucharada de salsa de soja
1/2 cucharada de lemongrass rallado
60 ml de caldo de pescado
Aceite de oliva virgen extra
Sal

PARA EL ACEITE DE CILANTRO

Picar finamente las hojas de cilantro, muy fino, y mezclar con aceite de oliva hasta crear una pasta fluida. Reservar.

PARA EL ARROZ

Escaldar en agua hirviendo el tomate, refrescar en agua fría, pelar y despepitar. Trocear en cubos de 1/2 cm.

Picar muy menudas las chalotas junto con el diente de ajo, ambos pelados.

En una cazuela con 5 cucharadas de aceite de oliva, pochar a fuego medio las chalotas, hasta que se tornen transparentes. Esparcir el arroz y el azafrán. Rehogar, evitando quemar las hebras y el grano. Añadir 3/4 partes del curry y mezclar con el resto de los ingredientes en la cazuela. Después agregar el tomate y a continuación el caldo caliente y la cúrcuma. Cocinar durante 15 min, después que haya roto a hervir a fuego medio. Sazonar.

Mezclar el resto del curry con aceite de oliva hasta hacer una crema ligera. Reservar.

PARA LAS CIGALAS

Cortar a lo largo las cigalas. Calentar el caldo de pescado e infusionar el té y el lemongrass en él. Dejar templar y colar.

Mezclar en esta infusión el nam pla y la salsa de soja. Calentar una parrilla a fuego alto. Impregnar las cigalas con aceite de oliva, colocar sobre la cáscara y regar constantemente con la infusión hasta acabarla. Colocar una tapa y apagar la sartén, para terminar de cocer en su propio vapor. Sazonar.

TERMINACIÓN

Espolvorear el arroz y las cigalas con cilantro picado fresco. Pintar en el plato una línea de curry rojo diluido en aceite, colocar sobre ella la cigala, acompañar con el arroz y unas gotas de aceite de cilantro.

Risotto affumicato sobre carpaccio de bacalao

50 min

4

Media

PARA EL CARPACCIO

320 g de lomo de bacalao desalado
Aceite de humo

PARA EL RISOTTO

250 g de arroz arborio
800 ml de caldo de pescado
40 ml de vino blanco seco
1 cebolleta pequeña
1 cucharadita de café de aceituna negra aragonesa picada
1 cucharadita de café de alcaparras picadas
4 lomos limpios de anchoas ahumadas picadas
2 cucharaditas de café de tomates secos picados
2 cucharadas de scamorza affumicata rallada
1 cucharada de mantequilla
2 dientes de ajo
Pimienta blanca
7 cucharadas de aceite de oliva virgen extra
Sal

PARA EL CARPACCIO

Con un cuchillo muy afilado, laminar el lomo de bacalao en finas lonchas. Disponer sobre cada pizarra y pintar con aceite de humo.

PARA EL RISOTTO

Pelar los ajos, laminarlos muy finamente y cocinarlos a fuego muy bajo en el aceite de oliva virgen extra, hasta conseguir que se doren. Retirar sobre papel absorbente y reservar.

Pelar y picar muy menuda la cebolleta, y echarla en una cazuela junto con el aceite de los ajos. Poner el fuego a intensidad media y pochar la cebolleta hasta que se torne transparente, esparcir el grano de arroz y sellar, removiendo frecuentemente y evitando quemar la cebolleta. Subir la potencia del fuego. Regar con el vino blanco y dejar evaporar.

Volcar 1/3 del volumen del caldo caliente, agregar las aceitunas, las alcaparras, las anchoas y los tomates secos. Reducir el fuego a potencia media baja y remover constantemente, hasta casi evaporar el caldo. Agregar de nuevo otro 1/3 de caldo caliente, salpimentar, y remover hasta casi consumir. Repetir la operación con el resto del caldo. Comprobar el punto de sal y pimienta.

Cuando el caldo del risotto empiece a tomar textura melosa pero todavía algo líquida, y hayan pasado entre 15 y 18 min desde el primer regado con caldo, retirar el cazo del fuego y añadir la mantequilla y el queso rallado. Mezclar, mantecar y rectificar de sal.

OTROS

Perejil fresco
Ajo

TERMINACIÓN

Distribuir a lo largo del carpaccio unas cucharadas de risotto. Decorar con hojas de perejil fresco y láminas de ajo.

Arroz basmati *estilo hindú con pollo macerado*

45 min + 4 h mínimo de macerado

4

Fácil

PARA EL MACERADO DEL POLLO

2 pechugas de pollo
100 g de yogur
1 cucharada de pasta de chile
1 cucharada de jengibre picado
1 cucharada de garam masala
1 diente de ajo
1 limón
Sal

PARA EL ARROZ

200 g de arroz basmati
Sal

PARA EL MACERADO DEL POLLO

Macerar el pollo con la mitad del yogur, una cucharadita de pasta de chile, el ajo, el jengibre picado, el garam masala, sal y limón. Meter en una bolsa de horno y dejar macerar al menos 4 h.

PARA EL ARROZ

Poner el arroz en agua fría durante 5 min. Escurrir y cocer durante 10 min en agua hirviendo con sal. Escurrir, enfriar y reservar.

PARA LAS VERDURAS

Saltear a fuego medio las verduras cortadas en dados con el ghee. Añadir el cardamomo, la canela, los clavos, el jengibre picado, cilantro picado, sal y pimienta.

Incorporar el yogur y dejar cocer 5 min.

PARA LOS PAPADUM

Precalentar el horno a 200 °C e introducir los papadum durante unos segundos. Doblar en caliente para que adquieran forma de U y reservar.

TERMINACIÓN

Hornear el pollo macerado a 200 °C durante 8 min.

Agregar el arroz al salteado de verduras, añadir el jugo que suelte el pollo y mezclar.

Presentar el pollo troceado y pintado con pasta de curry rojo diluida en aceite, y los papadum rellenos del arroz con verduras.

PARA LAS VERDURAS

40 g de ghee (mantequilla clarificada)
100 g de yogur
1 cebolla
2 tomates
1 pimiento rojo dulce
1 pimiento verde italiano
1 cucharada de jengibre picado
2 clavos de olor
1/2 berenjena
1/2 ramita de canela
Cardamomo
Cilantro
Pimienta
Sal

PARA LOS PAPADUM

4 obleas de papadum

OTROS

Curry rojo

Arroz negro *con pulpo y lascas de queso*

1 h

4

Fácil

PARA EL FONDO NEGRO

4 bolsitas dobles de tinta de calamar
200 ml de agua
1 puerro fino
1 cebolla pequeña
2 dientes de ajo
½ pimiento verde
Pimienta
5 cucharadas de aceite de oliva

PARA EL ARROZ

50 g de arroz redondo
1 cebolla pequeña
1 chalota
1 ramita de apio
1 cucharada de hinojo picado
½ pimiento verde italiano
600 ml de caldo de marisco
50 ml de vino blanco
Aceite de oliva
Sal

PARA EL PULPO

2 patas de pulpo cocido
1 diente de ajo

PARA EL FONDO NEGRO

Pochar todas las verduras a fuego medio bajo hasta que estén doradas, junto con el aceite de oliva y un pellizco de pimienta molida.

Disolver la tinta en el agua y volcar sobre las verduras pochadas. Triturar, colar y reservar.

PARA EL ARROZ

Picar las verduras muy menudas y pochar en una cazuela a fuego medio con unas cucharadas de aceite de oliva hasta que estén doradas.

Añadir el arroz y subir un poco el fuego. Remover constantemente hasta que el grano se selle. Agregar el vino y dejar reducir hasta que este se evapore.

Incorporar el fondo negro, dar un hervor evitando que se pegue el arroz a la cazuela y añadir el caldo de marisco caliente. Cocer a fuego medio durante 14 min. Comprobar el punto de sal, rectificar, mezclar y reposar.

PARA EL PULPO

Mientras, trocear las patas de pulpo y, sobre una sartén antiadherente con un poco de aceite de oliva, dorar e incorporar el diente de ajo finamente picado. Retirar antes de que tome excesivo color y el ajo amargue.

TERMINACIÓN

Servir, sobre unas cazuelas, el arroz junto con el pulpo. Decorar con lascas de queso de oveja sacadas con un pelador.

OTROS

60 g de queso crudo de oveja

Arroz salteado con tofu y majado de hígado de rape

30 min + 12 h de macerado

4

Fácil

PARA EL TOFU

- 150 g de tofu blando
- 1 cucharada de pimentón
- 1 cucharada de jengibre fresco picado
- 1 cucharada de salsa Perrins
- 1/2 cucharada de cilantro fresco picado
- 1 diente de ajo
- 3 granos de pimienta de Jamaica
- 1 cucharada de aceite de cacahuete

PARA EL ARROZ

- 250 g de arroz redondo
- 560 ml de caldo de pescado
- 60 ml de salsa de soja
- 1 cucharada de shiitake en polvo
- 120 g de setas de chopo pequeñas
- 1 hígado de rape en conserva
- 1 puerro pequeño
- 1 cebolleta pequeña
- 3 cucharadas de aceite de cacahuete
- Sal

PARA EL TOFU

Picar el tofu en cubos y mezclar con el ajo machacado, la salsa Perrins, los granos de pimienta molidos, el cilantro, el jengibre, el aceite de cacahuete y el pimentón. Macerar durante 12 h.

PARA EL ARROZ

Lavar los granos de arroz en agua fría, y cambiar el agua hasta que salga limpia de almidón. Escurrir y reservar.

Poner a hervir el caldo de pescado junto con el polvo de setas e introducir el arroz, bajando el fuego a intensidad media una vez que vuelva a romper a hervir. Añadir un pellizco de sal, para que quede solo ligeramente sazonado.

Transcurridos 15 min, retirar sobre una bandeja y dejar airear, removiendo con cuidado para facilitar el enfriado del arroz, pero sin romper el grano.

Majar el hígado de rape en un mortero y mezclar con la soja. Reservar.

Picar el puerro y la cebolleta en juliana, introducir en un wok bien caliente y saltear junto con el aceite de cacahuete. Cuando empiecen a dorarse los ingredientes, añadir las setas limpias y saltear.

Incorporar el arroz cocido, añadir el majado de hígado, y saltear constantemente hasta unificar los ingredientes; corregir el punto de sal. Adicionar por último el tofu, saltear y mezclar con cuidado.

TERMINACIÓN

Decorar el arroz con unos filamentos de germinado de alfalfa y cebollino fresco.

OTROS

Germinado de alfalfa
Cebollino fresco

Risotto de remolacha con salmonetes

35 min

4

Media

PARA EL RISOTTO

400 g de arroz
80 g de queso parmesano
15 g de mantequilla
100 ml de vino blanco
500 ml de caldo de pescado
400 ml de zumo de remolacha
(3 bolas de remolacha)
1 cebolleta
2 chalotas
1 diente de ajo
1/2 puerro
1/2 cebolla
100 ml de aceite de oliva
Sal

PARA EL CRUJIENTE

1 remolacha cruda
Aceite de oliva

PARA LOS SALMONETES

2 salmonetes
Pimienta
Aceite de oliva
Sal

PARA EL RISOTTO

Pelar y picar el puerro, la cebolla, la cebolleta, las chalotas y el diente de ajo finamente.

Poner el aceite de oliva en una cazuela y pochar el puerro, la cebolla, la cebolleta y las chalotas a fuego medio bajo. Añadir el ajo a continuación, y rehogar unos minutos más. Incorporar el arroz, lavado y escurrido, y saltear hasta que empiece a transparentar.

Incorporar el vino a la cazuela y dejar cocer hasta que se evapore, moviendo siempre con una cuchara de madera. Cuando el vino se haya consumido, añadir el caldo de pescado y mantener hasta que lo absorba el arroz. Una vez logrado, regar con el zumo de remolacha, obtenido tras licuar tres bolas de remolacha, y seguir removiendo.

Ya fuera del fuego, sazonar, echar la mantequilla, el queso y el resto del aceite, y remover. Reservar bien caliente.

PARA EL CRUJIENTE

Laminar lo más fino posible la remolacha pelada con ayuda de una mandolina. Freír en abundante aceite caliente por ambas caras hasta que se dore, evitando que se queme. Retirar sobre papel absorbente. Reservar.

PARA LOS SALMONETES

Limpiar los salmonetes y sacar dos lomos, sin escamas, tripas ni espinas.

Calentar una sartén antiadherente al máximo, salpimentar y, con unas gotas de aceite, dorar por la parte de la piel.

TERMINACIÓN

Servir el risotto y agregar los salmonetes, dejando la piel hacia arriba (con el calor del risotto terminará de hacerse por la cara interna). Decorar con lascas de queso extra y algún crujiente de remolacha.

Uramakis variados

35 min

4

Difícil

PARA EL ARROZ

300 g de arroz japonés redondo para sushi
16 g de azúcar
5 g de alga kombu
40 ml de vinagre de arroz
8 g de sal

PARA EL RELLENO DE LANGOSTINOS

4 langostinos grandes fritos empanados con Panco
4 hojas de alga nori
Sésamo blanco
Sésamo negro

PARA EL RELLENO DE AGUACATE

4 barritas de surimi de cangrejo
1/2 aguacate maduro
1/2 pepino cortado en finos bastones
Tobiko (huevas de pez volador)

OTROS

Salsa de soja
Ensalada de algas

PARA EL ARROZ

Medir el volumen que ocupa el arroz pesado en un recipiente ponderable. Anotar.

Lavar en un bol el arroz con agua fría para retirar el almidón. Repetir la operación aproximadamente seis veces cambiando el agua en cada ocasión hasta que salga limpia. Escurrir el arroz y dejar reposar 5 min.

Introducir el arroz y el alga kombu en una cacerola bien seca, con el mismo volumen de agua que de arroz anteriormente anotado, más un diez por ciento. Cerrar con su tapa estanca, sin ningún escape posible de vapor. Poner a máxima potencia el fuego, y bajar al mínimo cuando rompa a hervir. Cocer durante 10 min. Dejar reposar otros 10 min.

Mientras, mezclar el azúcar, la sal y el vinagre de arroz. Estirar el arroz sobre el hangiri, retirar el alga kombu, regar con el aliño de vinagre y con ayuda de un abanico y una espátula, airear y enfriar rápidamente el arroz mientras se mezcla con el aliño, separando suavemente los granos. Reservar tapado con un trapo húmedo.

PARA EL RELLENO DE LANGOSTINOS

Disponer, sobre una esterilla para sushi, el alga nori partida por la mitad. Con las manos humedecidas ligeramente en un recipiente con agua y vinagre de arroz, pero bien escurridas, colocar encima del alga una capa de arroz extendida sin prensar, aproximadamente unos 100 g de arroz. Dar la vuelta y, sobre el alga, colocar para el primer tipo de uramaki unos langostinos en el centro, paralelos a la esterilla. Con ayuda de los dedos, ir cerrando sobre sí mismo el sushi, presionando con los dedos el relleno, para crear un cilin-

dro prensado y compacto. Espolvorear ligeramente con un poco de ambos sésamos.

PARA EL RELLENO DE AGUACATE

Para el uramaki de aguacate, utilizar la misma técnica y procedimiento, pero esta vez rellenar con unas tiras de surimi, pepino y una tira de aguacate, colocadas a lo largo del alga, como la vez anterior, y quedando centrados los ingredientes. Cerrar el maki de la misma manera que con el de langostinos. Rebozar por las huevas de pez volador. Repetir la operación con el resto de los ingredientes.

TERMINACIÓN

Partir cada uramaki en ocho medallones, humedeciendo el cuchillo antes de cada corte y limpiando la hoja de restos de arroz. Servir con salsa de soja si se desea y ensalada de algas.

Arroz cremoso *de guisantes y verduras al dente*

1 h

4

Fácil

PARA EL PURÉ DE GUISANTES

200 g de guisantes
1 calabacín (solo la piel)

PARA EL ARROZ

250 g de arroz
700 ml de caldo de verduras o de ave
8 zanahorias mini
1 ramillete de romanesco
1 ramillete de coliflor
8 espárragos trigueros
1 cebolleta
3 dientes de ajo
1 nuez de mantequilla
Aceite de oliva
Sal

PARA EL PURÉ DE GUISANTES

Lavar y pelar el calabacín. Escaldar la piel en agua hirviendo junto con los guisantes. Escurrir y enfriar en agua con hielo (reservar la carne del calabacín para el arroz).

Escurrir y triturar haciendo una pasta verde. Añadir caldo si fuese necesario. Reservar.

PARA EL ARROZ

Limpiar el resto de las verduras, trocear y cocer en agua con sal hasta que estén al dente.

En un saute sofreír la cebolleta, la mitad de la carne del calabacín y los ajos picados.

Cuando esté pochado, añadir el arroz y sellar. Mojar con el caldo hasta cubrir y trabajar como si fuese un risotto, durante 15 min. Incorporar el puré de guisantes hasta que se obtenga un tono verdoso, junto con el caldo necesario. Rectificar de sal y hervir hasta completar el tiempo de cocción del arroz.

Mientras, saltear con aceite sin que adquieran color las verduras blanqueadas. Sazonar.

Aligerar el resto del puré de guisantes con un poco de caldo, dar un hervor y añadir una nuez de mantequilla. Rectificar de sal.

TERMINACIÓN

Colocar una lágrima de crema de guisantes y sobre ella poner el arroz y las verduras al dente colocadas de forma decorativa.

Ravioli de jamón de cerdo ahumado relleno de setas con salsa de curry

2 h

4

Media

PARA LA SALSA DE CURRY

1 l de caldo de carne
10 g de curry
1 cebolla

PARA EL RELLENO DE SETAS

5 shiitake
1 chalota
1 cucharada de harina
Vino blanco
Nata líquida
Aceite de oliva
Sal

PARA EL RAVIOLI DE JAMÓN DE CERDO

1 trozo de jamón de cerdo de la zona de la punta (300 g aprox.)
Pimentón ahumado
Sal gorda

OTROS

Alcaparras
Rabanitos frescos

PARA LA SALSA DE CURRY

Saltear la cebolla y añadir el curry. Remover rápidamente, mojar con el caldo y dejar reducir a la mitad. Triturar, pasar por un fino y reservar.

PARA EL RELLENO DE SETAS

Pochar la chalota cortada junto con los hongos. Rehogar unos minutos y agregar la harina poco a poco sin parar de remover. Dejar tostar y regar con vino blanco. Reducir e incorporar nata. Dar el punto de sal, enfriar y reservar.

PARA EL RAVIOLI DE JAMÓN DE CERDO

Cuadrar la pieza de cerdo y ponerla a macerar durante 45 min con una mezcla del 70 % de sal y el 30 % de pimentón ahumado. Prensar bien. Pasado ese tiempo, lavar y congelar. Luego, sacar del congelador y cortar en láminas muy finas en el cortafiambres. Rellenar estas con la masa de setas y cerrar. Con la ayuda de un soplete, dar color a la carne.

TERMINACIÓN

Poner en el fondo de un plato sopero un poco de salsa de curry, encima los raviolis de cerdo y terminar con alcaparras y rabanitos frescos.

RECETA TOP CHEF

Muslos de pollo rellenos de queso de cabra y tomatitos confitados

1 hora

4

Media

PARA EL POLLO

4 contramuslos de pollo pequeños
4 alitas de pollo pequeñas
200 g de queso de cabra
Pimienta blanca
Aceite de oliva
Sal

PARA LOS TOMATES CONFITADOS

20 tomates cherry
100 ml de soja
100 g de azúcar
2 patatas
Aceite de oliva
Sal

OTROS

Perejil fresco

PARA EL POLLO

Deshuesar los contramuslos y las alitas. Salpimentar.

Rellenar el pollo con el queso de cabra. Atar con hilo de cocina y dorar en una sartén a fuego fuerte con unas gotas de aceite de oliva. Introducir en el horno a 180 °C durante 5 min. Retirar y reservar.

PARA LOS TOMATES CONFITADOS

Escaldar los tomates cherry, pelar y reservar.

Mezclar la soja y el azúcar a fuego bajo en un cazo y reducir hasta conseguir un almíbar con cuerpo. Incorporar los tomates pelados y dejar a fuego muy bajo durante 15 min. Reservar.

Pelar las patatas, cortarlas en cuadrados pequeños y freírlas en abundante aceite. Poner sobre papel absorbente para retirar el exceso de grasa y sazonar.

TERMINACIÓN

Calentar el pollo 2 min en el horno a 180 °C antes de servir. Cortar cada contramuslo en medallones junto con cada alita, y acompañar con los tomates cherry y las patatas. Decorar con perejil fresco recién picado.

Conejo relleno *de verduras y foie sobre cuajado de foie*

45 min

4

Difícil

PARA EL RELLENO

1 zanahoria mediana
1 cebolleta
$^1/_2$ calabacín
Pimienta
Sal

PARA EL CONEJO

1 conejo
50 g de micuit de pato
Pimienta
Aceite de oliva
Sal

PARA EL CUAJADO DE FOIE

50 g de micuit de pato
150 ml de nata
50 ml de leche

OTROS

Lechugas variadas
Reducción de Pedro Ximénez

PARA EL RELLENO

Escaldar las verduras cortadas en juliana en agua con sal durante 1 min. Saltear y salpimentar. Reservar.

PARA EL CONEJO

Limpiar el conejo de vísceras, cabeza y extremidades y deshuesar el tronco.

Salpimentar el tronco de conejo y rellenar con la mitad del micuit extendido y todas las verduras también extendidas. Enrollar el lomo sobre sí mismo, y atar con cuerda de cocina.

Salpimentar el lomo y marcar en una sartén por todas sus caras, terminándolo de hacer en el horno, durante 5 min a 180 °C.

PARA EL CUAJADO DE FOIE

Mezclar en un cazo el foie, la nata y la leche. Llevar a ebullición, triturar y dejar reducir hasta que, al meter una cuchara y retirarla, la crema de foie quede adherida y cubra finamente el reverso de la cuchara.

TERMINACIÓN

Dividir el lomo en 4 medallones y servir acompañado de crema de foie en el fondo del plato y un bouquet de lechugas frescas variadas. Añadir unas gotas de reducción de Pedro Ximénez.

Albóndigas de venado *al teriyaki con tirabeques y germinado de ajo*

40 min

4

Fácil

PARA LA SALSA TERIYAKI

200 ml de salsa de soja
30 g de jengibre
50 g de azúcar
75 ml de sake
20 ml de mirin
2 dientes de ajo

PARA LAS ALBÓNDIGAS

600 g de carne de venado picada
30 g de miga de pan
20 g de cebollino
20 g de jengibre
1 chalota
1 cebolleta
2 dientes de ajo
1 vaso de leche
1 huevo
Harina
Pimienta
Aceite de oliva
Sal

PARA LA SALSA TERIYAKI

Mezclar la salsa de soja con los dientes de ajo rallados, el jengibre machacado, el mirin, el sake y el azúcar. Dejar hervir 5 min, colar y reservar.

PARA LAS ALBÓNDIGAS

Pochar la cebolleta y la chalota picadas finísimamente con un par de cucharadas de aceite.

Mezclar la carne de venado con el cebollino picado, la miga de pan remojada y escurrida en leche, el huevo, la cebolleta y la chalota, el jengibre rallado y los dientes de ajo también rallados. Hacer albóndigas, pasar por harina y freír en abundante aceite hasta que estén doradas.

Introducir las albóndigas en el teriyaki y cocinar durante 5 min a fuego muy bajo.

PARA LA BERENJENA Y LOS TIRABEQUES

Cortar en medallones la berenjena china, hervir en agua y después, una vez escurrida, marcar en una sartén antiadherente con una cucharada de aceite. Retirar cuando dore.

Hervir los tirabeques en agua con sal.

TERMINACIÓN

Servir las albóndigas sobre los medallones de berenjena y adornar con los tirabeques abiertos. Espolvorear con sésamo y coronar con los germinados de ajo.

PARA LA BERENJENA Y LOS TIRABEQUES

1 berenjena china
50 g de tirabeques
Aceite
Sal

OTROS

1 cucharada sopera de sésamo tostado
Germinados de ajo

Solomillo de cerdo con chutney de peras y jengibre

30 min + 1 h para el chutney

4

Fácil

PARA EL CHUTNEY DE PERAS Y JENGIBRE

2 peras grandes
1 cebolla mediana
1 lima
40 g de jengibre
1 cucharada sopera de pimientas variadas
1 diente de ajo
50 g de azúcar
20 ml de vinagre de manzana
3 cucharadas soperas de aceite de oliva
Sal

PARA EL SOLOMILLO

800 g de solomillo de cerdo

OTROS

Perejil rizado
Sal en escamas

PARA EL CHUTNEY DE PERAS Y JENGIBRE

Picar menuda la cebolla y pocharla junto con 3 cucharadas de aceite de oliva.

Mientras, pelar las peras y picarlas menudas antes de agregarles el zumo de lima. Cuando la cebolla se torne transparente, añadir las peras y la raíz de jengibre abierta a la mitad, las pimientas y el diente de ajo.

Transcurridos un par de minutos, añadir el azúcar y el vinagre. Dejar cocinar a fuego medio hasta conseguir una textura de mermelada. Salar y reservar.

Introducir en botes esterilizados de cristal, cerrar con fuerza, meter en una olla profunda, cubrir con agua y llevar a ebullición a fuego medio durante 1 h, aproximadamente, dependiendo de lo grande que sea el bote.

PARA EL SOLOMILLO

Marcar por todas las caras el solomillo de cerdo, previamente porcionado, hasta que esté hecho.

TERMINACIÓN

Acompañar la carne con el chutney en conserva, la sal en escamas y el perejil rizado.

Tataki de lomo de cebón con puré de habas y ajos

25 min + 1 h de marinado

4

Fácil

PARA EL MARINADO DE CEBÓN

500 g de lomo de cebón limpio de unos 4 cm de grosor
12 g de jengibre fresco rallado
80 ml de salsa de soja
20 ml de mirin
1 diente de ajo

PARA EL PURÉ DE HABAS Y AJOS

120 g de habas repeladas
4 dientes de ajo
Aceite de oliva virgen extra
Sal

PARA LOS AJETES

4 ajetes
1/2 guindilla
2 cucharadas de aceite de oliva virgen extra

OTROS

Sal en escamas

PARA EL MARINADO DE CEBÓN

Rallar el ajo pelado y mezclar con el jengibre, el mirin y la salsa de soja. Cortar el lomo obteniendo dos lingotes, marinar la carne durante 1 h, cambiando el lomo de posición cada 15 min, para una marinada más homogénea.

PARA EL PURÉ DE HABAS Y AJOS

Cubrir los dientes de ajo pelados con 100 ml de aceite de oliva. Cocinar a fuego mínimo durante 10 min, agregar las habas y dejar en el fuego unos 2 min. Templar.

Colar del aceite, triturar las habas y los ajos, añadiendo a hilo el aceite a modo de mayonesa, hasta obtener un puré con cuerpo, sazonar y reservar.

Si sobra aceite, reservar para otras elaboraciones.

PARA LOS AJETES

Picar los ajetes limpios y la guindilla en aros, pochar junto con el aceite a fuego bajo, vigilando que no se quemen los ajetes. Retirar y reservar.

TERMINACIÓN

Calentar una parrilla a fuego máximo, secar los lomos de cebón de la marinada con papel absorbente. Impregnar con aceite de oliva y marcar dentro de la parrilla, cada cara durante unos 20 o 30 s, o más tiempo dependiendo del gusto de cada comensal.

Calentar el puré de habas. Partir los lingotes de carne en lonchas.

Pintar, con ayuda de una cuchara, una lágrima grande de puré de habas, disponer sobre ella unas lonchas de cebón y un poco de aceite de ajetes y guindilla. Sazonar con sal en escamas.

Cordero asado con costra de perejil y parmesano

50 min

4

Fácil

PARA LA SALSA

Fondo oscuro de cordero
8 ciruelas secas
1 cucharada de mantequilla
Brandi
Sal

PARA LA PASTA DE PEREJIL

4 dientes de ajo
2 rebanadas de pan
3 cucharaditas de mostaza de hierbas
4 cucharadas de perejil fresco picado
70 g de parmesano en polvo

PARA EL CORDERO

4 trozos de carré de cordero recental de 4 costillas cada uno
Pimienta negra
Romero fresco
Aceite de oliva
Sal

PARA LA SALSA

Hidratar las ciruelas cubriéndolas de brandi.

Cuando estén bien hidratadas, calentar el fondo oscuro con las ciruelas hasta que la salsa tenga cuerpo. Retirar del fuego y agregar la mantequilla. Ligar hasta lograr una mezcla con brillo. Sazonar y reservar.

PARA LA PASTA DE PEREJIL

Freír a fuego medio los dientes de ajo sin pelar y las rebanadas de pan hasta que esté dorado. Colocar sobre papel absorbente.

Pelar los ajos y majarlos en un mortero junto con el queso, el perejil y la mostaza hasta obtener una pasta. Reservar.

PARA EL CORDERO

Limpiar la carne pegada a las costillas del carré, sin llegar a quitar la parte correspondiente al lomo.

Impregnar con aceite de oliva, salpimentar y disponer sobre una bandeja de horno junto con unas ramas de romero deshojadas en la carne. Regar con el brandi de la hidratación de las ciruelas.

Asar a 220 °C durante 15 min y retirar sin apagar el horno. Apartar el romero.

Untar el carré con la pasta de perejil, introducir en el horno y asar de nuevo a 210 °C hasta que esté dorado.

TERMINACIÓN

Partir el carré por la mitad y colocarlo en medio del plato. Poner alrededor unas lágrimas de salsa con ciruelas y decorar con romero fresco.

Lomo de buey con chips de patatas violetas

35 min

4

Fácil

PARA EL ALMÍBAR DE NARANJAS

8 habas repeladas
50 g de azúcar
50 ml de agua
1 naranja de zumo
4 gotas de esencia de azahar

PARA LA SALSA DE CARNE

6 g de jengibre
40 ml de mirin
5 ml de jugo de carne concentrado
2 gotas de salsa de soja

PARA LAS PATATAS VIOLETAS

2 patatas violetas
Aceite de oliva

PARA EL LOMO DE BUEY

200 g de lomo de buey
Aceite de oliva

OTROS

Perejil fresco
Sal en escamas

PARA EL ALMÍBAR DE NARANJAS

Pelar la naranja, y retirar con una puntilla la parte blanca de la cáscara.

Escaldar dos veces la piel en agua hirviendo (siempre con agua nueva en cada una de las cocciones). Retirar sobre agua con hielo, escurrir, secar y picar muy menudo.

Mezclar a fuego muy bajo el azúcar, el agua y la naranja picada, creando un almíbar ligero. Retirar, y cuando enfríe, agregar las gotas de esencia.

Añadir las habas y dejar reposar.

PARA LA SALSA DE CARNE

Rallar el jengibre y mezclar con el mirin, el jugo de carne y la soja. Calentar a fuego bajo durante 10 min con la cacerola tapada para evitar que el líquido pierda volumen. Retirar y dejar templar.

PARA LAS PATATAS VIOLETAS

Pelar las patatas y laminarlas finamente con ayuda de una mandolina. Calentar a 150 °C abundante aceite de oliva, y freírlas hasta obtener unos finos crujientes morados. Retirar sobre papel absorbente para quitar el exceso de grasa. Reservar.

PARA EL LOMO DE BUEY

Partir la carne en 4 trozos iguales e impregnarla, con ayuda de un pincel, con un poco de salsa de carne.

Calentar una parrilla a fuego muy fuerte, pulverizar un poco de aceite sobre la superficie caliente y dorar la carne vuelta y vuelta por cada cara.

TERMINACIÓN

Colocar sobre una línea de jugo de carne el lomo. Alrededor, poner unos chips de patata morada y otra línea de naranjas con habas. Sazonar la carne con sal en escamas y decorar con perejil fresco.

Magret de pato *relleno de foie y compota de zanahorias*

1 h 30 min

4

Fácil

PARA LA COMPOTA DE ZANAHORIAS

400 g de zanahorias peladas y ralladas
200 g de azúcar
1 vaina de vainilla

PARA EL MAGRET DE PATO

2 pechugas de pato de unos 300 g cada una
200 g de hígado de pato crudo
Pimienta
Sal

PARA LA SALSA

300 ml de jugo de pato o de carne
100 ml de vino de oporto
50 ml de brandi
25 ml de vinagre
1 cucharada de pimienta rosa

PARA LA COMPOTA DE ZANAHORIAS

Cocer a fuego bajo las zanahorias junto con el azúcar y la vainilla en un recipiente destapado.

A mitad de cocción, retirar las semillas de la vainilla y añadirlas de nuevo a la cacerola. Dejar cocer hasta que se caramelice.

PARA EL MAGRET DE PATO

Retirar el exceso de grasa de las pechugas del pato, y hacer unos cortes en forma de rejilla sobre la parte de la grasa.

Poner las pechugas con la grasa apoyada en la tabla de partir y salpimentar.

Sobre una pechuga poner el hígado de pato cortado en escalopes de 1 cm, y colocar la otra pechuga por encima (siempre ha de quedar la grasa por la parte de fuera). Atar con cuerda de uso alimentario.

Dorar en una sartén a fuego vivo por ambos lados hasta que la grasa esté dorada. Introducir en una bandeja en el horno a 200 °C durante 8 o 10 min, dependiendo del grosor de la pechuga.

PARA LA SALSA

Mientras, retirar la grasa de la sartén donde se ha dorado el pato y añadir la pimienta. Flambear con el brandi, agregar el vinagre y el vino de oporto.

Dejar que reduzca e incorporar el jugo de carne. Hervir hasta que tenga consistencia de salsa.

TERMINACIÓN

Cortar el magret en 4 medallones y servir sobre una cucharada de compota de zanahoria. Decorar con un hilo de salsa por encima y alrededor de la carne.

Taco de cochinillo confitado
sobre puré de patata violeta

1 h + 30 h de confitado

4

Media

PARA EL CONFITADO

½ cochinillo
2 hojas de laurel
1 ramita de tomillo
3 clavos de olor
3 dientes de ajo con piel
Pimienta
Aceite de girasol

PARA LAS PATATAS

500 g de patatas violeta
150 ml de nata
Mantequilla
Pimienta
Sal

PARA LA SALSA

8 cebollitas enanas
50 ml de vinagre de vino
300 ml de vino tinto
2 cucharadas de miel
50 ml de vinagre de Módena

OTROS

Confitura de naranja amarga
Perejil rizado

PARA EL CONFITADO

Poner el cochinillo en una bandeja de horno y cubrir con aceite de girasol. Añadir el laurel, el tomillo, los clavos, la pimienta y los ajos (el cochinillo también se puede comprar confitado y se ahorra este paso).

Introducir en el horno a 80 °C durante 6 h, aproximadamente, o hasta que al pincharlo no ofrezca resistencia.

Cuando esté cocinado, escurrir del aceite y una vez templado retirar y reservar todos los huesos, procurando dejar la parte de la piel lo más entera posible.

Poner la pieza con la piel hacia abajo sobre un papel sulfurizado, picar la carne que sobresale y no guarda la forma y colocarla encima formando un bloque. Colocar otro papel encima, una bandeja y añadir peso. Guardar en la nevera hasta el día siguiente.

PARA LAS PATATAS

Lavar las patatas y cocerlas en agua (deben estar completamente cubiertas) con sal hasta que estén tiernas.

Poner la mitad de ellas al fuego en un recipiente hasta que se sequen y se queden arrugadas. Reservar.

Pelar la otra mitad y triturarlas con una nuez de mantequilla y la nata. Salpimentar y reservar.

PARA LA SALSA

Pelar las cebollitas y blanquearlas en agua. Escurrir y dejarlas macerar en vinagre de Módena.

Precalentar el horno a 170 °C. Hornear las cebollitas durante 20 min.

Poner los huesos reservados del cochinillo en una olla, añadir el vino y cubrir con agua. Cocer durante 1 h y colar.

Hervir en un recipiente la miel junto con el vinagre hasta que empiece a caramelizar. Incorporar el jugo y dejar al fuego hasta que tenga consistencia de salsa.

TERMINACIÓN

Cortar el bloque de cochinillo en rectángulos, dorar la piel en una sartén antiadherente con una gota de aceite, dar la vuelta y dejar en el horno hasta que esté bien caliente por dentro.

Colocar una lágrima de puré en el plato, encima los trozos de cochinillo, a un lado las patatas troceadas, y repartir las cebollitas cortadas por la mitad.

Añadir un hilo de confitura de naranja y otro de jugo reducido. Decorar con perejil rizado.

Tartar de ternera *aliñado con crujientes de pan*

20 min

4

Fácil

PARA EL CRUJIENTE DE PAN

1/2 barra de pan del día anterior
Aceite de oliva
Sal fina

PARA EL TARTAR

300 g de solomillo de ternera
1 cucharadita de pasta de trufa blanca
1 cucharadita de mostaza de Dijon
1 cucharadita de salsa de soja
1 cucharadita de kétchup
1 cucharadita de brandi
1/2 cucharada de alcaparras picadas
1/2 cucharada de perejil fresco picado
1/2 cucharada de pepinillos picados
1/2 cucharada de cebollino picado
1/4 de cebolleta
3 golpes de tabasco
3 golpes de salsa Perrins
Pimienta negra en molinillo
Sal

PARA EL CRUJIENTE DE PAN

Laminar finamente la barra de pan, ligeramente congelada para facilitar el corte con ayuda de una cortadora eléctrica o un cuchillo muy afilado. Pulverizar sutilmente las finas lonchas de pan con agua para humedecerlas. Atar cada lámina alrededor de un aro pequeño impregnado de aceite y espolvoreado de sal fina.

Hornear a 150 °C durante 5 min, hasta que esté crujiente. Retirar sobre una rejilla y enfriar.

PARA EL TARTAR

Picar muy fino (a cuchillo) el solomillo limpio. Mezclar en un bol todos los ingredientes junto con la carne. Salpimentar.

TERMINACIÓN

Rellenar cada crujiente de pan con el tartar. Decorar el plato con unas líneas de mostaza y unas lechugas frescas variadas. Colocar las tostas de tartar y presentar con cebollino fresco y perejil.

OTROS

- Lechugas variadas
- Mostaza
- Cebollino fresco
- Perejil

Ceviche de pulpo con leche de tigre, orejones y tomate

2 h

4

Media

PARA LA LECHE DE TIGRE

1 bote de leche de coco
1 ramillete de cilantro
2 dientes de ajo
1 cebolla roja
2 limas
3 cucharadas de aceite de oliva virgen extra

PARA EL PULPO

4 patas de un pulpo de 3 kg
Un chorrito de aceite de oliva virgen extra

PARA LA ÓSMOSIS (MACERACIÓN) DE CEBOLLA ROJA

1 cebolla roja
Un chorrito de aceite de oliva virgen extra
Un chorrito de vinagre de arroz

PARA LA LECHE DE TIGRE

Juntar la leche de coco, el cilantro, los dientes de ajo, la cebolla y el zumo de las limas y licuar. Enriquecer con aceite de oliva virgen extra y reservar.

PARA EL PULPO

Envasar las patas de pulpo con la leche de tigre y un chorrito de aceite de oliva virgen extra y cocer al vapor a 98 °C durante 90 min. Antes de emplatar, cortar las patas de pulpo en rodajas finas con una cortadora de fiambres. Emulsionar y texturizar el líquido obtenido.

PARA LA ÓSMOSIS DE CEBOLLA ROJA

Picar la cebolla en juliana y envasar con aceite de oliva virgen extra y vinagre de arroz. Reservar.

PARA EL TARTAR DE OREJONES Y TOMATE

Picar los orejones con los tomates concassés. Aderezar con aceite de cacahuete, sal y pimienta. Reservar.

TERMINACIÓN

Colocar un abanico de rodajas de pulpo. Encima, para darle color, la cebolla roja y puntitas de tartar de orejones y tomate. Decorar con brotes de shiso verde y morado.

RECETA TOP CHEF

PARA EL TARTAR DE OREJONES Y TOMATE

25 g de orejones
200 g de tomates
Pimienta
Aceite de cacahuete
Sal

OTROS

Brotes de shiso verde y morado

Erizo relleno de sus yemas y bulbo de hinojo

30 min

4

Media

INGREDIENTES

4 erizos
100 g de queso fresco
1 lata de yemas de erizo en conserva
2 petit suisse desnatados
2 pencas de hinojo
Eneldo
Sal

Poner a cocer en abundante agua con sal los erizos enteros, durante 2 min.

Una vez cocidos, y con ayuda de un trapo para no pincharse, extraer el jugo y las yemas cocidas de los erizos.

Triturar junto con los petit suisse y el queso fresco. Añadir el hinojo bien picado y rellenar con esta pasta el interior de los erizos.

TERMINACIÓN

Servir el erizo decorado con las yemas en conserva y eneldo.

Bogavante y algas

35 min

4

Media

INGREDIENTES

2 bogavantes medianos
12 habitas repeladas cocidas
4 ajetes finos
20 g de agar-agar en fibra
5 g de alga kombu
400 ml de caldo de pescado
50 ml de brandi
1 puerro (solo la parte verde)
4 cucharadas de nam pla
2 cucharadas de salsa de ostras
3 cucharadas de katsuobushi
Aceite de oliva

Hidratar el agar-agar en el caldo de pescado frío durante 15 min. Colar y reservar por separado.

Cocinar los bogavantes al vapor durante 2 min y pelar con sumo cuidado, sin romper la carne. Reservar el interior en la nevera. Retirar las partes blandas de las cabezas y reservar por separado.

Dorar las cabezas a fuego fuerte con 2 cucharadas de aceite, añadir el verde del puerro, rehogar, volcar el brandi caliente y flambear (con la campana extractora apagada, para evitar accidentes). Regar con el caldo de pescado y llevar a ebullición con fuego moderado junto con el alga kombu. Desgrasar en la medida de lo posible.

Mezclar con las partes blandas de las cabezas de los bogavantes junto con el nam pla y la salsa de ostras. Batir y añadir al caldo caliente, cocer durante 5 min a fuego suave. Colar y reservar caliente.

Poner un cazo a calentar agua con un cestillo de bambú especial para cocciones al vapor. Cuando rompa a hervir el agua, incorporar la cola de bogavante y las pinzas. Tapar y dejar cocinar la cola durante 3 min y las pinzas 4 min y medio.

Espolvorear el katsuobushi en el caldo caliente, infusionar mientras se termina el bogavante, sazonar y colar.

TERMINACIÓN

Limpiar los ajetes y picar muy menudo los tallos respetando las yemas. Escaldar estas últimas 1 min.

Colocar en un plato hondo un fondo de agar-agar. Encima, unas porciones de bogavante recién cocido, ajetes y habitas alrededor. Por último, regar con el caldo caliente y servir inmediatamente.

Chipirones rellenos *de tofu, anchoas y olivas*

35 min

4

Fácil

PARA LA SALSA

200 ml de caldo de pescado
50 ml de salsa de tomate natural
30 ml de vino blanco
5 bolsitas de tinta de chipirón
2 dientes de ajo
1/2 pimiento verde italiano
1/3 de puerro
1/4 de cebolla
4 cucharadas de aceite de oliva
Sal

PARA LOS CHIPIRONES

16 chipirones grandes
4 lonchas de beicon ahumado
180 g de tofu fresco ahumado
80 g de lomos de anchoa en salazón
90 g de aceitunas negras y verdes sin hueso
Pimienta
Aceite de oliva

OTROS

Perejil picado

PARA LA SALSA

Picar finamente el puerro, la cebolla, el pimiento verde y el ajo. Sofreír a fuego medio las verduras con el aceite hasta que estén doradas. Añadir el vino y reducir a fuego fuerte. Agregar la salsa de tomate y bajar el fuego.

Todavía congeladas las bolsitas de tinta de calamar, realizar con rapidez cortes alrededor del envoltorio para sacar la tinta sin complicaciones e introducirla en la cazuela de las verduras. Regar con caldo de pescado y hervir a fuego medio. Triturar, pasar por un chino y volver a hervir hasta lograr una salsa fina y con cuerpo. Retirar, sazonar y reservar caliente. Si queda muy espesa, se puede diluir con caldo caliente.

PARA LOS CHIPIRONES

Limpiar los chipirones y dejar las patitas, sin la boca, y los cuerpos, sin piel ni tripas, por separado.

Desmenuzar el tofu y juntar con las olivas picadas y los lomos de anchoa, lavados en agua fría, secados y picados. Introducir esta mezcla dentro de una manga pastelera.

Rellenar los chipirones con esta pasta y pinchar con palillos para evitar que el relleno se salga.

Cortar el beicon en juliana y freírlo con un par de gotas de aceite hasta que esté dorado. Añadir las patitas de chipirón, reservar y retirar la grasa.

En otra sartén diferente, a fuego muy fuerte, dorar los chipirones impregnados en aceite de oliva por todas sus caras, retirar y salpimentar. Añadir el beicon con las patitas.

TERMINACIÓN

Pintar los platos con la salsa de tinta de calamar, colocar los chipirones sin el palillo, añadir por encima el refrito de beicon y patitas y espolvorear con perejil picado.

Maki crujiente de langostinos, vieiras y yemas de erizo

15 min

4

Fácil

PARA LA TEMPURA

150 g de agua helada
75 g de harina
1 yema de huevo

PARA LOS MAKIS

12 langostinos grandes crudos
4 erizos frescos abiertos
6 vieiras limpias
2 hojas de alga nori
Sal

OTROS

Reducción de salsa de soja
Flores de romero

PARA LA TEMPURA

Mezclar los ingredientes de la tempura, hasta obtener una crema sin grumos y homogénea. Reservar en la nevera.

PARA LOS MAKIS

Laminar las vieiras por la mitad, respetando el coral. Sazonar y reservar. Pelar los langostinos y eliminar el intestino, descartar las cáscaras y las cabezas.

Retirar las yemas de los erizos, lavar en agua de mar, escurrir y reservar.

Con papel absorbente, secar el marisco concienzudamente.

Partir cada hoja de alga nori en seis partes iguales. Disponer sobre cada una una vieira abierta, unas 2 o 3 yemas de erizo y 2 colas de langostinos. Cerrar sobre sí mismo para crear un cilindro compacto, humedeciendo como un sobre el borde del alga antes de cerrarlo con la ayuda de una esterilla de makis.

TERMINACIÓN

Calentar el aceite a 180 °C, batir de nuevo la tempura, pasar por el batido los makis y freír hasta que estén dorados.

Partir en dos porciones inmediatamente, antes de que el marisco humedezca el crujiente.

Servir sobre platos pintados con reducción de salsa de soja y decorados con flores de romero.

Merluza en salsa verde con almejas

40 min + 1 h para las almejas

4

Media

INGREDIENTES

16 almejas
4 lomos de merluza de 150-200 g cada uno
100 g de judías verdes
300 ml de fumet de merluza
100 ml de vino blanco
3 dientes de ajo
1 cebolleta
1 cucharada de perejil picado
1 cucharada de harina
Bicarbonato
Aceite de oliva
Sal

Poner las almejas en agua fría con sal durante 1 h.

Limpiar las judías verdes y retirar las hebras, cortar en juliana y cocer en agua hirviendo con sal. Añadir una pizca de bicarbonato para mantener el verde intenso. Escurrir y enfriar inmediatamente con agua y hielo.

Cortar en juliana la cebolleta y sofreírla hasta que esté transparente con un poco de aceite de oliva. Añadir las judías escurridas, rehogar y comprobar el punto de sal.

Sofreír los ajos picados con 3 cucharadas de aceite en un saute. Incorporar la harina, remover y mojar con el vino. Dejar evaporar y agregar la mitad del fumet. Añadir las almejas y tapar hasta que se abran.

Cuando ya estén abiertas las almejas, sacar y separar la carne de la concha.

Incorporar los lomos de merluza sazonados en el jugo de las almejas y cocinar 3 min por cada lado. Si es necesario añadir más fumet (aunque cuanto más se añada, menos sabor tendrán a las almejas). Retirar los lomos y añadir perejil picado. Hervir, rectificar de sal y reservar.

TERMINACIÓN

Colocar en la base de los platos las judías verdes y la cebolleta, y encima los lomos de merluza. Decorar con la carne de las almejas y la salsa verde.

Pulpo a la brasa

45 min

4

Fácil

PARA EL PULPO

1 pulpo grande
6 patatas moradas
2 hojas de laurel
3 clavos de olor
4 semillas de cardamomo negro
5 cucharadas de aceite de oliva virgen extra
Sal

PARA EL PESTO

2 dientes de ajo medianos
1 manojo de albahaca de hojas grandes
2 cucharadas de piñones tostados
5 cucharadas de queso parmesano
100 ml de aceite de oliva virgen extra

PARA EL TOMATE EN ACEITE

1 tomate grande de ensalada
1 diente de ajo
1/2 cucharadita de perejil fresco picado
4 cucharadas de aceite de oliva virgen extra

PARA EL PULPO

Poner a cocer en una cazuela abundante agua con sal. Cuando comience a hervir, introducir el pulpo junto con el laurel, el clavo de olor y el cardamomo. Levantar dos o tres veces (lo que popularmente se llama «asustar») y dejar definitivamente dentro. Cocer entre 20 y 30 min (pinchar con un tenedor o una brocheta para comprobar que está blando). Retirar del fuego.

Poner las patatas en el agua donde se ha hecho el pulpo. Dejar cocer unos 20 min o menos hasta que estén blandas. Pelar templadas y triturarlas en un robot junto con el aceite de oliva. Comprobar el punto de sal, reservar caliente.

Escoger las 3 mejores patas del pulpo, abrir a lo largo en forma de libro, sin llegar a partir en dos. Calentar una parrilla al máximo, impregnar con algo de aceite y marcar hasta dorar por ambas caras.

PARA EL PESTO

Introducir en el vaso de la batidora las hojas de albahaca, el aceite, los piñones y los ajos pelados. Triturar hasta conseguir una pasta homogénea y mezclar con el parmesano rallado. Reservar.

PARA EL TOMATE EN ACEITE

Pelar y despepitar el tomate, picar en cubos menudos y mezclar con el diente de ajo majado en mortero, el perejil y el aceite de oliva.

TERMINACIÓN

Servir el pulpo junto con el puré de patata y el tomate en aceite. Decorar con unos puntos de pesto verde. Corregir el punto de sal del pulpo si fuera necesario.

Rape mechado de langostinos

15 min

4

Fácil

PARA EL SOFRITO

50 ml de vino blanco
3 dientes de ajo
1 guindilla
6 lomos de anchoa en aceite
1 cucharada de perejil fresco picado
½ limón
6 cucharadas de aceite de oliva virgen extra

PARA EL RAPE MECHADO

800 g de lomo de rape en una pieza sin espina
12 langostinos
Pimienta
Aceite de oliva virgen extra
Sal

PARA EL SOFRITO

Sofreír a fuego medio los ajos cortados en láminas y la guindilla partida en rodajas finas con unas 6 cucharadas de aceite de oliva virgen extra. Cuando los ajos estén a punto de dorarse, añadir las anchoas picadas y limpias del aceite de la conserva. Agregar también el vino y el zumo del limón, fuera del fuego y con cuidado de las salpicaduras. Hervir unos segundos hasta que se evaporen todos los líquidos e incorporar el perejil. Reservar.

PARA EL RAPE MECHADO

Cortar el rape en lomos, sin espina ni pieles, y dividirlo en unos doce tacos.

Pelar los langostinos, dejando solo la cola. Reservar las cabezas para otras preparaciones.

Introducir el mechador en el rape haciendo el orificio, colocar el langostino en el mechador y volver a introducir en el rape, de forma que este se quede dentro.

Salpimentar el rape y cocinar en una sartén bien caliente con unas gotas de aceite de oliva. Sellar y dorar fuertemente, sin dejar seco el pescado.

Poner el rape en la sartén junto con el sofrito durante unos segundos para que tome calor y rectificar de sal.

TERMINACIÓN

Partir el rape en porciones y presentar en un plato con el sofrito por encima.

Salmón *con sal de ceniza, sobre crema de repollo*

45 min + 2 h de asado

4

Fácil

700 g de salmón fresco en lomos y sin escamas

PARA LA SAL DE CENIZA

La piel del salmón
Sal negra

PARA LA CREMA DE REPOLLO

200 g de repollo
200 g de patata
50 g de panceta ibérica
100 ml de nata líquida
3 dientes de ajo
Bicarbonato
Aceite de oliva
Sal

PARA LA SAL DE CENIZA

Limpiar el salmón de espinas y retirar la piel. Introducir esta en el horno a 100 °C hasta que esté crujiente. Puede tardar hasta un par de horas. Retirar la grasa con un papel absorbente.

Trocear la piel crujiente y machacar en un mortero sin que llegue a pulverizarse. Mezclar con la sal negra (en una proporción de 1 de sal por 5 de piel). Reservar.

PARA LA CREMA DE REPOLLO

Cortar el repollo en juliana (mejor las hojas verdes) y cocerlo con sal y un pellizco de bicarbonato, para que no pierda el color.

Aparte, cortar la patata en cachelos y cocerla en agua con sal.

Sofreír la panceta y los ajos laminados con un poco de aceite. Incorporar la patata y chafar con un tenedor. Añadir la nata y un par de cucharadas de agua de la cocción. Hervir e incorporar el repollo, rectificar de sal y reservar.

TERMINACIÓN

Cortar los lomos del salmón en trozos gruesos y rebozarlos en la sal de ceniza.

Sellar los lingotes en una sartén por todos sus lados, dejando el salmón jugoso por dentro.

Cortar el salmón en dos y servir sobre la crema de repollo. Decorar esparciendo sal de ceniza por el ala del plato.

Skrei a la gallega

35 min

4

Fácil

700 g de lomo de skrei (bacalao)

PARA LA AJADA GALLEGA

1 tomate muy maduro
1 cabeza de ajo
1 cebolleta
1 hoja de laurel
1 cucharadita de pimentón
Aceite de oliva
Sal

PARA EL PURÉ DE PATATAS

2 patatas medianas
Sal

PARA LA AJADA GALLEGA

Confitar con abundante aceite el tomate troceado, el laurel, la cabeza de ajo desgranada y la cebolleta picada durante 25 min. Retirar del fuego los ajos, agregar el pimentón, mezclar y colar. Volver a añadir los ajos y reservar.

PARA EL PURÉ DE PATATAS

Lavar bien las patatas y cocerlas en agua con bastante sal durante 25 min a fuego medio bajo, en un recipiente tapado. Sacarlas del agua y dejar templar.

Machacar las patatas peladas con un pellizco de sal hasta conseguir un puré.

TERMINACIÓN

Impregnar el bacalao con aceite de oliva y dorar por todos los lados en una sartén bien caliente.

Colocar el puré en el fondo de un plato, encima el bacalao y regar con la ajada gallega.

Atún con hortalizas, mousse de tomate y salsa romesco

1 h 30 min + 2 h de macerado

4

Media

PARA EL ATÚN

400 g de atún rojo
5 g de jengibre
1 cucharada de vinagre de arroz
1 cucharada de mirin
1 diente de ajo
1 cucharada de aceite de oliva

PARA LA MOUSSE DE TOMATE

3 tomates rojos asados
100 ml de nata líquida
1 hoja de gelatina de 3 g
Azúcar
Tomillo
Aceite de oliva
Sal

OTROS

300 g de salsa romesco
1 bola de remolacha cocida
1 aguacate maduro
Brotes tiernos de lechuga
Aceite de oliva
Sal en escamas

PARA EL ATÚN

Marcar el atún en una sartén antiadherente a baja temperatura sin que coja color.

Mezclar el jengibre, el vinagre, el mirin, el ajo y el aceite y añadirlo al atún. Macerar al menos un par de horas.

PARA LA MOUSSE DE TOMATE

Pelar los tomates, cortarlos en gajos y colocarlos en una bandeja con sal, azúcar, tomillo y un hilo de aceite. Introducir en el horno precalentado a 160 °C durante 1 h aproximadamente. Darles la vuelta cada 15 min.

Poner a hidratar la gelatina en agua fría. Retirar los tomates del horno y triturar junto con la hoja de gelatina. Dejar enfriar.

Semimontar la nata y mezclar con el puré de tomate ya frío. Reservar en la nevera.

TERMINACIÓN

Escoger los brotes tiernos más bonitos y dejarlos en agua fría en la nevera para que queden más tersos.

Con ayuda de un sacabolas pequeño, sacar unas esferas de la remolacha. Reservar el resto para otra elaboración.

Pelar el aguacate y sacar tiras con un pelador. Hacer rollitos con estas y reservar (para que se conserven más tiempo se puede añadir limón).

Partir el atún en láminas de 1 cm, aproximadamente. Añadir las bolas de remolacha, la mousse de tomate con ayuda de dos cucharas formando quenelles, los rollitos de aguacate, y los brotes de lechugas escurridos. Añadir sal en escamas, pulverizar con aceite de oliva y pintar con la salsa romesco.

Servir más salsa aparte.

Milhoja de hojaldre *con espuma de queso, vainilla y salsa de toffee*

30 min

4

Media

PARA EL TOFFEE

1 l de nata
300 g de azúcar

PARA EL HOJALDRE

½ kg de pasta de hojaldre
20 g de polvo de cardamomo
1 yema de huevo con 10 g de azúcar

PARA LA MOUSSE DE QUESO Y VAINILLA

1 l de leche
500 g de nata
300 g de azúcar
300 g de crema de queso de cabra
4 vainas de vainilla

PARA EL TOFFEE

Hervir en una cacerola la nata y, aparte, hacer caramelo con 300 g de azúcar. Verter la nata sobre el caramelo y dejar hervir unos minutos. Reservar en frío.

PARA EL HOJALDRE

Estirar el hojaldre y cortarlo con un molde adecuado. Hornear durante 15 min a 180 °C. Cuando se haya cortado el molde adecuado tintar con yema de huevo batido, azúcar y polvo de cardamomo y hornear durante 15 min a 180 °C.

PARA LA MOUSSE DE QUESO Y VAINILLA

Infusionar las vainas de vainilla con la leche y la nata. Incorporar la crema de queso y el azúcar. Pasar la mezcla por un fino y meterla en un sifón con dos cargas de gas.

TERMINACIÓN

Poner una cucharada de toffee en la base, sobre este una oblea de hojaldre, luego un poco de espuma de queso y vainilla, otra oblea de hojaldre y terminar con una bola de espuma.

RECETA TOP CHEF

Helado de caramelo con su teja

35 min
+ tiempo de heladora

4

Media

PARA EL HELADO

350 ml de leche
150 ml de nata
100 g de yema de huevo
125 g de azúcar

PARA LA TEJA

175 g de azúcar moreno
90 g de harina
125 g de mantequilla
1 cucharada de vinagre de jerez
1 yema de huevo

PARA EL HELADO

Caramelizar el azúcar en un cazo y cuando vire a un color rubio intenso y antes de que oscurezca demasiado el caramelo, añadir la nata y la leche. Dejar que infusione sin que llegue a hervir, hasta que se incorpore el caramelo al líquido.

Aparte, batir enérgicamente las yemas hasta que aumenten ligeramente su tamaño. Añadir la leche con el caramelo, mezclar bien y volcar de nuevo al cazo.

Sin parar de remover con una lengua, llevar este líquido hasta 80 °C. Reservar, templar y verter en la heladora. Conectar y esperar hasta que cuaje.

PARA LA TEJA

Mientras tanto, mezclar el azúcar moreno con la harina. Añadir poco a poco la yema de huevo, la mantequilla pomada y, por último, el vinagre.

Extender pequeñas monedas entre dos papeles sulfurizados y hornear a 200 °C durante 3 min más o menos. Retirar y dejar enfriar.

TERMINACIÓN

Servir en un bol el helado bien frío con las tejas de caramelo.

Sopa de cerezas con galleta y helado de caramelo

50 min
+ tiempo de heladora

4

Media

PARA EL HELADO

350 ml de leche
150 ml de nata
100 g de yema de huevo
125 g de azúcar

PARA LA SOPA

250 g de cerezas maduras deshuesadas
100 g de azúcar
80 ml de agua

PARA LA GALLETA

120 g de galleta integral
30 g de mantequilla
10 g de jengibre en polvo

OTROS

16 cerezas

PARA EL HELADO

Caramelizar el azúcar en un cazo y cuando vire a un color rubio intenso y antes de que oscurezca demasiado el caramelo, añadir la nata y la leche y dejar que infusione sin que llegue a hervir, hasta que se incorpore el caramelo al líquido.

Aparte, batir enérgicamente las yemas hasta que aumenten ligeramente su tamaño. Añadir la leche con el caramelo, mezclar bien y volcar de nuevo al cazo.

Sin parar de remover con una lengua, llevar este líquido hasta 80 °C. Reservar, templar y verter en la heladora. Conectar y esperar hasta que cuaje.

PARA LA SOPA

Elaborar un almíbar con el agua y el azúcar.

Introducir el almíbar dentro de un vaso junto con las cerezas deshuesadas. Triturar durante 3 min y pasar por un chino. Dejar enfriar en la nevera o acelerar el proceso en el congelador, vigilando que el producto no se llegue a helar.

PARA LA GALLETA

Mezclar la mantequilla pomada con la galleta triturada y el jengibre en polvo. Desmenuzar hasta conseguir una especie de arenilla.

TERMINACIÓN

Colocar en el fondo de un plato bien frío la sopa de cerezas, el polvo de galletas en el centro y encima de este, el helado. Decorar con unas cerezas.

Brownie de bourbon

1 h

4

Fácil

PARA EL BROWNIE

150 g de cobertura de chocolate con leche
100 g de almendras garrapiñadas en polvo
90 g de mantequilla
80 g de azúcar
3 huevos
4 cucharadas de bourbon

PARA LA COBERTURA BLANCA

62 g de chocolate blanco
2 cucharadas de bourbon

PARA LA COBERTURA OSCURA

62 g de cobertura de chocolate 50 %
5 cucharadas de bourbon

PARA EL BROWNIE

Batir los huevos con el azúcar, hasta obtener una mezcla homogénea y espumosa. Agregar las almendras, el bourbon y la mantequilla mezclada con el chocolate fundido al baño maría. Batir y disponer sobre una bandeja encamisada con mantequilla y harina.

Hornear a 170 °C durante 25 min. Enfriar sobre una rejilla a temperatura ambiente.

PARA LAS COBERTURAS

Derretir al baño maría cada chocolate por separado. Añadir a cada uno la cantidad indicada de bourbon y mezclar. Volcar de manera dispar sobre el brownie cada cobertura de chocolate, dejar enfriar y cuajar.

TERMINACIÓN

Partir en porciones y servir.

Chupitos de arroz de coco y mango

1 h

4

Fácil

PARA EL ARROZ

60 g de arroz de grano redondo
75 g de azúcar
250 ml de leche de coco
250 ml de leche
3 cucharadas de leche condensada
1 palo de canela en rama
1 limón (solo la cáscara)
1 yema de huevo

PARA EL MANGO

1 mango maduro
2 cucharadas de azúcar
1 cucharadita de ralladura de lemongrass
8 cucharadas de agua
1/2 cucharadita de jengibre rallado
1 pellizco de pimienta blanca

OTROS

Azúcar moreno

PARA EL ARROZ

Mezclar las leches y hervirlas junto con la canela y la cáscara de limón. Cuando rompa a hervir, añadir el arroz lavado y bajar el fuego a intensidad media. Dar vueltas para evitar que se pegue. Cocinar durante 20 min, agregar el azúcar, mezclar y retirar del fuego. Desechar el palo de canela y la cáscara de limón.

Todavía caliente el arroz, recién retirado del fuego, añadir la yema y la leche condensada. Remover con cuidado, dejar enfriar y reservar.

PARA EL MANGO

Calentar, sin dejar que llegue a hervir, el azúcar, el agua, el jengibre y el lemongrass. Trocear el mango pelado en trocitos menudos, incorporar al almíbar, dar un hervor y triturar junto con la pimienta.

TERMINACIÓN

Rellenar el fondo de unos vasos de chupitos con la compota de mango y dejar enfriar. Terminar de rellenar con el arroz con leche cremoso, espolvorear con azúcar moreno y caramelizar con ayuda de un soplete, hasta formar un espejo de caramelo crujiente.

Copa de mermelada de tomate con yogur con espuma de calabaza y zanahoria

1 h

4

Fácil

PARA EL YOGUR

3 yogures naturales

PARA LA MERMELADA DE TOMATE

2 tomates de rama
75 g de azúcar
1/2 limón

PARA LA ESPUMA DE CALABAZA Y ZANAHORIA

100 g de calabaza pelada
75 g de azúcar
100 ml de nata para montar
25 ml de agua
1 zanahoria pequeña pelada
2 hojas de gelatina
1 naranja

OTROS

Albahaca mini

PARA EL YOGUR

Poner los yogures sobre un paño de cocina limpio dentro de un colador. Dejar reposar durante 1 h, desechar el suero y reservar en frío la crema de yogur.

PARA LA MERMELADA DE TOMATE

Pelar y despepitar los tomates, cortarlos en cubos menudos y mezclar en un cazo con el zumo de limón y el azúcar. Llevar a fuego medio y retirar cuando se transforme en una mezcla melosa. Dejar enfriar.

PARA LA ESPUMA DE CALABAZA Y ZANAHORIA

Cortar la calabaza y la zanahoria en trocitos pequeños. Pelar la naranja, dejando la piel limpia de carne blanca, y hacer zumo con la carne de la naranja. Reservar por separado.

Hidratar la gelatina en agua fría.

Juntar la zanahoria y la calabaza con el zumo de naranja y 50 g de azúcar. Llevar a fuego medio con el cazo tapado. Transcurridos 5 min, bajar el fuego, y tras otros 5 min, destapar y dejar evaporar todo el líquido. Triturar hasta conseguir una pasta homogénea. Añadir la gelatina hidratada y escurrida.

Incorporar la nata, mezclar y colar el resultado. Introducir esta crema en un sifón, añadir dos cargas de gas y reservar en la nevera.

Cortar la piel de la naranja reservada, escaldar en agua hirviendo e introducirla en un cazo con el agua y el resto del azúcar. Llevar a ebullición hasta lograr un almíbar espeso. Reservar.

TERMINACIÓN

Colocar en el fondo de de los vasitos la compota de tomate. A continuación la crema de yogur, después la espuma de calabaza y zanahoria. Decorar con las pieles de naranja confitadas y unas hojas de albahaca mini.

Tarta de miel y arándanos

1 h + 5 h
de frío de nevera

4

Media

PARA EL BIZCOCHO

140 g de mantequilla
150 g de harina de trigo integral
160 g de miel
80 g de azúcar moreno
2 cucharadas de vinagre de frambuesa
1 cucharadita de bicarbonato
2 huevos
Azúcar glas

PARA LA CREMA

200 g de nata fresca
300 g de requesón
100 g de miel

PARA LOS ARÁNDANOS

80 g de arándanos rojos secos
50 g de azúcar
50 g de agua
60 ml de licor de cerezas

PARA EL BIZCOCHO

Mezclar a fuego bajo la miel con el azúcar moreno, la mantequilla y el vinagre. Batir y homogeneizar hasta integrar todos los ingredientes. Retirar del fuego y, cuando temple, añadir uno a uno los huevos, obteniendo un batido fino.

Volcar la harina poco a poco junto con el bicarbonato, mezclando firmemente. Sobre una bandeja de horno con un papel sulfatado, repartir la mezcla por toda la superficie. Introducir en un horno caliente con una temperatura de 170 °C durante 15 min.

Retirar sobre una rejilla para enfriar rápidamente. El bizcocho debería ser fino, de cuerpo gomoso. Espolvorear sutilmente con azúcar glas.

PARA LA CREMA

Fundir la miel al baño maría. Cuando temple, pero todavía tenga textura más líquida que en estado sólido, batir con el requesón y la nata fresca.

PARA LOS ARÁNDANOS

Hidratar los arándanos con parte del licor de cerezas.

Calentar a fuego bajo los arándanos, el azúcar, el agua y el resto del licor, hasta conseguir unas frutas en almíbar ligero.

TERMINACIÓN

Dorar las almendras molidas junto con la mantequilla a fuego bajo. Reservar sobre papel absorbente.

OTROS

50 g de almendras molidas
3 cucharadas de almendras laminadas tostadas
1 cucharada de mantequilla

Con ayuda de un cortapastas y un aro de emplatar del mismo diámetro, crear las tartas. Cortar el bizcocho con el cortapastas e ir introduciendo dentro del molde, después, pegado al aro, unos pocos arándanos y un poco de almíbar para mojarlo. A continuación poner 1 cucharada sopera de crema y después otro disco de bizcocho. Alternar y repetir la operación con los ingredientes. Terminar justo con crema encima de un disco y arándanos al borde. Guardar en la nevera durante 5 h, para que la crema coja cuerpo al enfriar la miel y el bizcocho empape con la humedad del almíbar y la crema.

Desmoldar sobre un plato y espolvorear con almendras laminadas tostadas.

Tarta de queso

1 h + 4 h
de frío, mínimo

4

Fácil

PARA LA MASA

85 g de galleta
7 g de salvado
18 g de avellanas
60 g de mantequilla pomada

PARA EL RELLENO

120 g de queso de leche cruda de oveja reserva
330 g de queso fresco de cabra
350 g de queso cremoso
90 g de nata fresca
100 g de azúcar
80 g de leche condensada
2 huevos
1 naranja (la ralladura)

OTROS

Pistachos molidos
Almendras laminadas y tostadas
Miel

PARA LA MASA

Triturar las galletas y las avellanas con un mortero y mezclar con el salvado y la mantequilla, creando una mezcla homogénea. Extender sobre un molde de 18 cm de diámetro. Introducir en el congelador.

PARA EL RELLENO

Mientras, batir todos los ingredientes junto con el queso rallado e introducir en una batidora hasta lograr una crema fina, homogénea y sin grumos.

TERMINACIÓN

Volcar el relleno dentro del molde y tapar con un trozo de papel sulfatado y otro de papel aluminio. Introducir en el horno caliente a 180 °C durante 50 min. Retirar sobre una rejilla y templar. Introducir en la nevera durante 4 h.

Decorar la tarta con miel, pistachos molidos y almendras laminadas.

Torrijas con salsa de vino especiado de miel

1 h

4

Fácil

PARA LA SALSA

500 ml de vino tinto
4 clavos de olor
1/2 palo de canela
5 g de jengibre fresco
6 granos de pimienta rotos
1 lima (la cáscara)
6 cucharadas de miel

PARA LAS TORRIJAS

300 ml de leche
100 g de azúcar
8 rebanadas de pan de unos 3 cm de grosor
1 palo de canela
1 naranja (la cáscara)
1 limón (la cáscara)
3 cucharadas de azúcar
1 huevo
300 ml de aceite de oliva
Canela en polvo

OTROS

Pistachos

PARA LA SALSA

Poner todos los ingredientes a cocer a fuego bajo. Retirar la salsa de vino del fuego, cuando empiece a tomar una textura de almíbar espeso. Colar y enfriar.

PARA LAS TORRIJAS

Mientras, infusionar la leche con el palo de canela y las cáscaras de naranja y limón, a fuego bajo durante 25 min sin que llegue a hervir. Retirar, añadir el azúcar, mezclar, colar y enfriar.

Remojar las rebanadas de pan en esta leche aromatizada, hasta que empapen bien por ambas caras. Batir un huevo hasta espumarlo.

Calentar el aceite de oliva a fuego medio. Pasar las torrijas por huevo batido, con cuidado de no romperlas. Freírlas por ambas caras hasta dorar, retirar sobre una mezcla de azúcar y canela en polvo, rebozar y reservar en un plato limpio.

TERMINACIÓN

Servir las torrijas templadas junto con la salsa de vino y miel; decorar con polvo de pistachos.

Trufas de chocolate *con avellanas y naranja*

1 h + 3 h de frío

4

Fácil

PARA EL CONFITADO DE NARANJA

50 g de azúcar
50 g de cáscara de naranja

PARA LA GANACHE DE CHOCOLATE

450 g de cobertura de chocolate negro 70 %
400 ml de nata
1/2 rama de canela
1/3 de cáscara de naranja
50 g de azúcar, aproximadamente (depende de los gustos)

PARA EL REBOZADO

200 g de avellanas tostadas
100 g de cáscara de naranja confitada
100 g de azúcar

PARA EL CONFITADO DE NARANJA

Coger solo la parte naranja de la piel de la naranja, lavarla bien y ponerla a cocer cubierta de agua. Hervir 2 min. Escurrir, repetir esta operación tres veces.

Poner de nuevo a cocer la cáscara de la naranja con una tercera parte del azúcar. Hervir hasta que esté cocida y añadir el resto del azúcar.

Cocer hasta que esté confitada y caramelizada.

PARA LA GANACHE DE CHOCOLATE

Infusionar la nata junto con la canela desmenuzada, la piel de naranja bien limpia y el azúcar; cuando dé el primer hervor retirar y dejar infusionar tapado durante 10 min.

Trocear con los dedos o con un cuchillo el chocolate menudo y disponerlo en un bol bien seco (es importante que ningún proceso de esta receta esté en contacto con agua o húmedo).

Colar sobre el chocolate la nata infusionada caliente, y remover el conjunto hasta obtener una brillante y cremosa ganache de chocolate.

Volcar el contenido en una bandeja profunda, y dejar enfriar en la nevera durante 3 h.

PARA EL REBOZADO

Mientras, triturar las avellanas de forma que quede un granillo no muy grueso, mezclar con la cáscara de naranja confitada y el azúcar.

TERMINACIÓN

Con ayuda de un sacabolas, templado en agua caliente pero bien seco, crear esferas del tamaño deseado de ganache de chocolate, pasarlas a través del polvo de avellanas y naranja, y reservar en la nevera hasta el momento de servir.

Presentar las trufas en un plato, decoradas con un picado de avellanas.

Macarrons rellenos *de crema de agua de rosas y frambuesas*

45 min

4

Media

PARA LOS MACARRONS

215 g de azúcar glas
130 g de almendras crudas molidas
3 claras de huevo
1 cucharadita de colorante rosa en gel
Unas gotas de zumo de limón

PARA LA CREMA

50 g de azúcar
20 ml de agua
1 clara de huevo
Unas gotas de zumo de limón
1 cucharada de agua de rosas
1 cucharada de esencia de frambuesas
1 hoja de gelatina

OTROS

Frambuesas
Menta fresca

PARA LOS MACARRONS

Tamizar el azúcar glas con las almendras bien molidas, hasta que quede casi como una harina. Montar las claras junto con unas gotas de limón y el colorante rosa, hasta que monten duras y firmes.

Espolvorear sutilmente la mezcla de almendras y azúcar glas, mezclando con movimientos envolventes, del centro a las paredes, y evitando que se baje la espumosidad de la masa.

Introducir en una manga pastelera con boquilla lisa y echar pequeños semicírculos de crema sin pico sobre papel de horno.

Secar 1 h y hornear unos 10-12 min (con el horno precalentado a 160 °C). Enfriar y retirar sobre una rejilla.

PARA LA CREMA

Crear un almíbar hirviendo suavemente el azúcar, el agua de rosas, la esencia y el agua, simplemente para disolver los ingredientes. Añadir la hoja de gelatina previamente hidratada en agua fría y después escurrida. Fundir y mezclar.

Montar la clara a punto de nieve con un par de gotas de zumo de limón y juntar con el almíbar templado, casi frío, pero solidificado, introduciéndolo a hilo como si de una mayonesa se tratase, y sin parar de remover suavemente, evitando bajar la mezcla. Rellenar con esta crema otra manga pastelera.

TERMINACIÓN

Disponer la crema entre 2 macarrons y decorar con hojas de menta cortadas en juliana y granos de frambuesa.

Trivial Top Chef

1. **¿Qué es un fumet?**

a) Un caldo de pescado
b) Un consomé
c) Una sopa

2. **¿Qué es una mise en place?**

a) Un tipo de sartén
b) La disposición de alimentos y utensilios antes de cocinar
c) La forma de hacer crepes Suzette

3. **¿Qué es un foodie?**

a) Un parásito de las legumbres
b) Aficionado a la buena vida
c) Fanático del buen comer y del buen beber

4. **¿Qué es también una flor?**

a) Pimienta
b) Azafrán
c) Hierbabuena

5. **¿Por qué es necesario dejar reposar las masas?**

a) Para que luego suban en el horno
b) Para poder trabajarlas mejor
c) Para hidratar el gluten de la harina

6. **¿Quién inventó el sifón de espumas en la cocina?**

a) Karlos Arguiñano
b) Ferran Adrià
c) José Andrés

7. **¿De dónde es original la salsa pesto verde?**

a) Parma
b) Génova
c) Roma

8. **¿Qué es un tirabeque?**

a) Una verdura
b) Una fruta
c) Un fruto seco

9. ¿Qué es un saute?

a) Un tipo de mortero
b) Una olla
c) Una sartén

10. ¿Con qué se haría un aire de zanahoria?

a) Una batidora
b) Un sifón
c) Unas varillas

11. ¿Cuál fue el primer restaurante en conseguir las tres estrellas Michelin en España?

a) El Celler de Can Roca
b) El Bulli
c) Zalacaín

12. ¿Qué es el umami?

a) Un plato japonés
b) Un plato chino
c) Un sabor

13. ¿Qué es brunoise, mirepoix y chiffonade?

a) Tipos de corte
b) Ingredientes de un cóctel
c) Tres cocineros franceses muy famosos

14. ¿Qué es el skrei?

a) Una carne
b) Un tipo de bacalao
c) Una conserva

15. ¿Qué es cocinar sumergido en grasa a baja temperatura?

a) Saltear
b) Confitar
c) Brasear

16. Poner hortalizas en agua hirviendo durante unos minutos, pasarlas por agua fría y escurrirlas se denomina...

a) Macerar
b) Licuar
c) Blanquear

17. ¿Qué produce la cocción prolongada de las verduras?

a) Cambia el sabor
b) Pérdida de propiedades organolépticas
c) Cambia el color

18. Si quisiéramos evitar la oxidación de algunos alimentos, ¿qué se utilizaría?

a) Alcohol
b) Ajo
c) Zumo de limón

19. ¿Cuál es el ingrediente principal de la tapenade?

a) Aceitunas
b) Cerdo ibérico
c) Pipas de girasol

20. ¿Cuál de estos ingredientes no forma parte de la receta del salmorejo?

a) Tomate
b) Pepino
c) Pan

21. ¿Por cuál de estos medios de transporte no se podría llegar a El Bulli?

a) Taxi
b) Barco
c) Avioneta

22. ¿Cuál de los hermanos Roca hace cocina dulce?

a) Joan
b) Josep
c) Jordi

23. ¿Cómo se corta la cocción de los mariscos?

a) Apagando el fuego
b) Enfriando con agua y hielo
c) Con vino blanco

24. Si hablamos de ligar en la cocina nos referimos a...

a) Calentar algo mucho y luego enfriarlo con hielo
b) Espesar un líquido
c) Esferificar

25. ¿Cómo hay que cocinar el arroz para hacer un risotto?

a) Cociéndolo en agua
b) En el microondas
c) Añadiendo el caldo poco a poco

26. ¿Qué es un capón?

a) Fruta muy madura
b) Golpe que se da a alguien en la cabeza
c) Un tipo de pollo

27. El color de la cáscara de huevo...

a) Indica la calidad del huevo
b) No indica variabilidad en su aporte nutricional
c) Indica si el huevo proviene de gallinas en libertad o no

28. ¿Para qué se utiliza el agar-agar?

a) Para dar color al plato
b) Para estabilizar alimentos y hacer gelatinas
c) Para sustituir al azúcar

29. ¿Cuál es el ingrediente principal de una ganache?

a) La fruta
b) Los frutos secos
c) El chocolate

30. ¿Qué ingredientes se utilizarían para darle brillo a una salsa?

a) La mantequilla o el aceite
b) El azúcar o el vinagre
c) El limón o el huevo

SOLUCIONES

1) Caldo de pescado
2) La disposición de alimentos y utensilios antes de cocinar
3) Fanático del buen comer y del buen beber
4) Azafrán
5) Para poder trabajarla mejor
6) Ferran Adrià
7) Génova
8) Una verdura
9) Una sartén
10) Una batidora
11) Zalacaín
12) Un sabor
13) Tipos de corte
14) Un tipo de bacalao
15) Confitar
16) Blanquear
17) Pérdida de propiedades organolépticas
18) Zumo de limón
19) Aceitunas
20) Pepino
21) Avioneta
22) Jordi
23) Enfriando con agua y hielo
24) Espesar un líquido
25) Añadiendo el caldo poco a poco
26) Un tipo de pollo
27) No indica variabilidad en su aporte nutricional
28) Para estabilizar alimentos y para hacer gelatinas
29) El chocolate
30) La mantequilla o el aceite

Glosario

A BANDA: Plato de arroz con pescados y mariscos; se sirve en primer lugar el arroz cocido en el caldo del pescado y opcionalmente los pescados y mariscos que le han dado sabor. Típico del litoral levantino.

ADEREZAR: Dar el sabor justo a los platos por medio de la sal y otros condimentos, aceites y hierbas.

ADOBAR: Poner un género crudo con un preparado llamado adobo, con el objetivo de conservarlo o darle sabor o un aroma especial. El adobo debe ser en seco.

AGAR-AGAR: Gelatina vegetal de origen marino incolora e insípida que se utiliza como estabilizador de alimentos y para la elaboración de gelatinas.

AJILLO, AL: Preparación que consiste en rehogar un alimento (gambas, champiñones, etc.) en aceite de oliva, con ajos y a veces, también, con guindilla.

AJOARRIERO, AL: Preparación que consiste en añadir ajo, cebolla, pimientos o pimentón, huevos y aceite, a diversos alimentos (habitualmente al bacalao).

AJOBLANCO: Salsa o condimento que se hace con ajos crudos machacados, miga de pan, sal, aceite, vinagre, agua y almendras. Sopa fría que se hace con este condimento. Variedad de gazpacho, que se suele acompañar con uvas y costrones de pan frito. Típico de Málaga.

ALBARDAR: Envolver un género en una lámina delgada de tocineta para evitar que se seque al coserse.

ALIOLI (o AJIACEITE, ALLIOLI): Salsa elaborada con ajos muy machacados, un poco de sal y aceite; al final se le añaden unas gotas de limón. Es similar a la mayonesa, aunque sin yema de huevo y con ajo.

ALMENDRADO: Dulce elaborado con almendras, harina y miel o azúcar, todo ello cocido al horno. Puede realizarse de diferentes formas y con variados ingredientes según el lugar.

ANGULAS: Crías de la anguila, de 5 a 7 cm de longitud, cuerpo vermiforme y aspecto translúcido; toman color blanco cuando se cocinan. Se preparan en ensalada, en tostas, al pilpil o a la bilbaína.

ARÁNDANO: Planta cuyos frutos son bayas negruzcas o azuladas, comestibles, dulces y algo agrias. Se pueden comer crudos, con nata, en confitura, etc.

AROMATIZAR: Añadir elementos con fuerte sabor y olor a un preparado: tomillo, orégano, clavos de olor, anís, etc.

ÁSPIC: Gelatina aromatizada con salsas o consomés.

BAVAROISE: Postre elaborado con crema inglesa (leche, yemas, azúcar y vainilla), gelatina, nata o claras montadas y diversas frutas, aromas o esencias.

BEARNESA: Salsa de origen francés, elaborada con mantequilla, yema de huevo, escalonia, estragón y vinagre o vino blanco. Se sirve caliente, y acompaña bien a carnes asadas, pescados o huevos.

BILBAÍNA, A LA: Preparación típica del País Vasco; consiste en rehogar carnes o pescados en aceite de oliva, con ajos fileteados, aros de guindilla o pimientos choriceros troceados y un chorrito de vinagre.

BLANQUEAR: Método de cocción de corta duración con el que la verdura conserva todas sus propiedades y valores nutritivos.

BLINIS: Tortitas de origen ruso, similares a las crepes, elaboradas con harina, leche, huevos, levadura y sal; se fríen en mantequilla y se sirven como acompañamiento para caviar o pescados ahumados, normalmente también con crema agria.

BRANDADA: Plato a base de bacalao. El pescado se desmenuza y se hace un puré ligándolo con ajo, aceite de oliva y crema de leche. Típico del sur de Francia y Cataluña.

BRIDAR: Atar con hilo especial aves, pescados o piezas de carne para que durante su cocción no pierdan su forma.

BRUNOISE: Zanahoria, puerro, apio, cebolla y otros géneros finamente cortados en dados de unos 3 mm, que se utilizan por separado o juntos como guarnición de un consomé o solos para rehogarlos previamente y dar sabor a diferentes preparados. Cortar verduras finamente.

BULLABESA (o BOUILLABAISSE): Sopa de pescado originaria de Provenza a base de crustáceos y pescados blancos, condimentados con ajo, aceite, perejil, azafrán, laurel, sal y pimienta.

BUTIFARRA: Embutido de carne de cerdo que se elabora principalmente en Cataluña, Valencia y Baleares. Se elabora con carne de cerdo picada condimentada con diferentes especias, según su lugar de elaboración, aunque suele predominar la pimienta.

CABRACHO: Escorpena o escorpina. Pescado de roca, comestible, de color rojizo y muy sabroso. Vive en fondos rocosos y profundos del litoral mediterráneo y atlántico. Apropiado para sopas, guisos, rellenos, etc.

CALÇOT: Cebolla tierna y sabrosa que se cultiva en la zona de Valls (Tarragona). La calçotada, comida típica y tradicional de Cataluña, consiste en preparar los calçots a la brasa y comerlos con una salsa picante.

CALDERETA: Guiso popular de pescadores y pastores. En las zonas costeras se prepara con pescado fresco, cebolla, pimiento, especias, aceite, vinagre y sal; en el interior, con cordero, cabrito o cerdo.

CALDERO: Arroz marinero elaborado con diversos pescados, aunque lo más normal es utilizar mújol en su preparación; otros ingredientes son ñoras o pimientos secos, tomate, ajo, aceite, azafrán, sal y pimentón. Típico de Murcia.

CAMARÓN: Crustáceo marino parecido a la gamba pero más pequeño, de carne muy apreciada.

CANARD: Pato, en francés.

CANUTILLO: Pieza de repostería, en forma de canuto, elaborada con hojaldre u otra masa y rellena de crema pastelera o nata.

CARPACCIO: Modo de preparación de origen italiano, que consiste en cortar finas láminas de carne cruda de buey y aderezarlas con aceite de oliva, zumo de limón y especias; se sirve con queso parmesano y originalmente, con trufa blanca. Hoy también se elabora con pescados y mariscos.

CARRÉ: Costillar de ternera, cerdo o cordero.

CAZÓN: Pez de carne blanca, algo insípida, por lo que suele prepararse en adobo.

CECINA: Carne cruda de vaca salada, ahumada (opcional) y secada al menos durante siete meses. Es de color oscuro y sabor fuerte. Típica de León. También hay cecina de equino, tradicional de Villarramiel (Palencia) y cecina de chivo, de Vegacervera (León).

CEVICHE (o CEBICHE): Plato de origen peruano. Pescado o marisco crudo macerado con limón, ají y pimienta blanca; tras unas cuatro horas, la marinada ha hecho la «cocción».

CHACINA: Carne de cerdo adobada que se emplea para preparar embutidos. Por extensión, se aplica a todo tipo de embutidos y carnes curadas.

CHALOTA (o ESCALONIA): Bulbo de fino sabor, entre el del ajo y el de la cebolla; se utiliza en guisos y salsas.

CHANGURRO (o TXANGURRO): Centollo, en Euskadi. Crustáceo marino, de carne muy apreciada. Se suele preparar relleno con una mezcla de su propia carne, ajo, cebolla, pan rallado, pimienta y vino seco, servido en su caparazón y gratinado al horno.

CHANQUETE: Pez pequeño parecido a la cría del boquerón, se sirve enharinado y frito. Típico del litoral malagueño.

CHANTILLY: Crema de leche fresca montada con azúcar.

CHATEAUBRIAND: Pieza de carne gruesa (300-500 g) que se obtiene del centro del solomillo de buey. Se prepara a la parrilla y se suele servir con patatas y salsa bearnesa.

CHILINDRÓN, AL: Preparación típica de las cocinas de Aragón, Navarra y la Rioja, a base de cebolla, tomate, pimiento, ajo, jamón troceado, sal y pimienta; suele utilizarse con pollo, conejo, cordero o cerdo.

CHIRLA: Molusco parecido a la almeja, pero de menor tamaño.

CHISTORRA: Embutido tradicional navarro de carne de cerdo, vacuno, panceta, tocino y pimentón; de forma alargada y fina, se sirve generalmente frita.

CHUCRUT (o CHOUCROUTE): Col fermentada.

CHURRASCO: Pieza de carne, generalmente de vacuno, asada a la parrilla.

CHUTNEY: Es un condimento agridulce que se usa para acompañar carnes, aves y paté, elaborado con frutas o verduras cocidas en vinagre, con especias aromáticas y azúcar.

CILANTRO (o CORIANDRO): Hierba aromática que se utiliza como condimento para salsas, embutidos, carnes, etc.

COCA: Torta de harina a la que se añaden diferentes ingredientes, ya sean dulces o salados. Típica principalmente de Cataluña y Baleares.

COCHINILLO: Lechón, cerdo de leche.

COCOCHAS: Protuberancias carnosas que se encuentran en la mandíbula inferior de la merluza y del bacalao, de textura gelatinosa. Se suelen preparar al pilpil, en salsa verde o rebozadas y fritas.

CODILLO: Parte del hueso del jamón, con carne adherida, que puede ser de cerdo, vacuno o ternera; se suele preparar cocido.

COGOLLO: La parte interior, más apretada y tierna, de algunas hortalizas (lechuga, berza, etc.).

COLMENILLA (o MORILLA): Seta comestible, muy sabrosa.

CONFIT: Carne, por lo general de pato u oca, condimentada, cocida y conservada en su propia grasa.

CONFITAR: Bañar frutas u otros alimentos en azúcar. Cocer frutas en almíbar. Referido a carnes, procedimiento para elaborar confit.

COQUINA: Molusco de concha pálida, de sabor fino. Abundante, sobre todo, en las costas andaluzas.

COULIS: Salsa o puré de un alimento (normalmente verduras, frutas o crustáceos) que se obtiene por la cocción del mismo en su propio jugo.

CREPE (o CRÊPE): Torta fina a base de harina, huevos y leche, que puede llevar rellenos dulces o salados.

CRUDITÉS: Aperitivo o entrante a base de verduras crudas (zanahoria, apio, endibia, puerro, etc.) cortadas normalmente en tiras finas y acompañadas de alguna salsa fría.

CUAJADA: Leche entera fermentada con cuajo. Se sirve en recipiente de barro, con azúcar o miel.

CUCHIFRITO (o COCHIFRITO): Guiso a base de tajadas de cordero, cerdo o cabrito, que después de medio cocidas se fríen en aceite con ajos, vinagre y especias.

CÚRCUMA: Especia conocida como el azafrán de las Indias, de color amarillo y aroma y sabor picantes. Se utiliza con platos de pescado y arroz.

CURRY: Salsa muy especiada a base de múltiples ingredientes (canela, cardamomo, comino, coriandro, cúrcuma, pimienta negra, clavo de olor, pétalos de rosas) más o menos picantes.

CUSCÚS (o COUSCOUS): Plato nacional de Argelia, Marruecos y Túnez, que consiste en cocer sémola al vapor del cocido (de carnes, aves, verduras y especias). Se sirve la sémola con el resto de las viandas encima.

ENCEBOLLADO: Combinación de bacalao salado, cebolla, ñoras, aceitunas negras, vinagre y patatas nuevas.

ENEBRO: Arbusto cuyas bayas se utilizan como condimento en la cocina, y para la elaboración de la ginebra.

ENELDO: Hierba aromática que se emplea como condimento en diferentes preparaciones culinarias.

ENTRECOT (o ENTRECÔTE): Corte de carne grueso y jugoso que se saca de entre las costillas del buey o de la vaca.

ESCABECHE: Salsa o adobo que se elabora con aceite, vino o vinagre, laurel, especias, hierbas aromáticas u otros ingredientes, para condimentar o conservar diversos alimentos.

ESCALIVADA (o ESCALIBADA): Verduras y hortalizas, esencialmente berenjenas, pimientos, tomates y cebollas, que, tras ser preparadas a la parrilla, se aliñan como si fuera una ensalada. Plato típico catalán.

ESCALOPE: Filete de carne o ave, casi siempre empanado y frito.

ESTOFADO: Guiso que consiste en cocinar un alimento, condimentado con aceite, vino o vinagre, ajo, cebolla y especias.

FABES: Judías blancas autóctonas de Asturias; grandes, de forma arriñonada y color blanco crema. Ingrediente principal de la fabada.

FARSA: Relleno. Picadillo de carne, pescado o verduras, normalmente con especias, que se utiliza para rellenar masas o viandas (aves...).

FIDEUÁ: Se prepara como la paella de mariscos, pero sustituyendo el arroz por fideos. Plato típico levantino y balear.

FILET MIGNON: Corte de carne obtenido de la punta del solomillo de la vaca, buey, cordero...

FILLOA: Consiste en una masa muy fina de harina, huevos y leche, similar a las crepes, frita en aceite. Pueden ser dulces, rellenas de crema pastelera y espolvoreadas con azúcar, o saladas. Postre típico gallego.

FLAMEAR (o FLAMBEAR): Rociar un alimento con licor y encenderlo; el alcohol se evapora, dejando solo su sabor.

FUAGRÁS (o FOIE-GRAS): Hígado de oca o de pato, obtenido mediante una sobrealimentación de estas aves, especialmente a base de maíz, que causa la hipertrofia de dicha víscera.

FONDUE: Preparación culinaria originaria de Suiza. **Fondue de queso.** Sobre un hornillo o llama, se coloca un cazo lleno de queso fundido con vino blanco y cada comensal introduce un pincho largo con su trocito de pan. **Fondue Bourguignonne o de carne.** Con un tenedor.

FRICANDÓ: Plato de origen francés y totalmente integrado en la cocina catalana; carne de ternera guisada con setas, zanahoria, tomate, ajo, cebolla, vino blanco y especias.

FRICASSÉE: Guiso de carne o aves, troceadas, cocidas a fuego lento y cuyo líquido de cocción se espesa con una mezcla de nata y huevos. Plato típico francés.

FUMET: Palabra de origen francés. Caldo concentrado que se obtiene con la cocción de pescados, carnes, aves o verduras, y que posteriormente se utiliza como ingrediente para dar sabor a salsas y sopas.

GACHAS: Plato popular a base de harina cocida con agua y sal, que se adereza con leche, miel u otros condimentos. Varía su elaboración e ingredientes según el lugar de preparación. **Gachas manchegas.** Se elaboran con harina de almortas, carne de cerdo, chorizo...

GALERA: Crustáceo parecido a la cigala, de carne menos fina pero sabrosa. Se suele utilizar en sopas y arroces.

GARRAPIÑADO: Frutos secos bañados en almíbar que forma grumos.

GAZPACHO: Sopa fría, típica de Andalucía, a base de tomate, pimiento, cebolla, pepino, ajo, aceite de oliva, vinagre y sal. Suele acompañarse con una guarnición de costrones de pan, cebolla, tomate, pepino y pimiento picados. Existen multitud de variantes según la zona.

GELATINA: Conocida también como cola de pescado, es un ingrediente que se utiliza para convertir un alimento líquido en sólido.

GERMINADO: Son semillas ricas en vitaminas y oligoelementos que al contacto con el agua se convierten en brotes muy utilizados en la cocina como alimento y para decorar platos.

GLASEADO: Producto cubierto con azúcar glas, fondant, caramelo, etc. Alimento abrillantado por calor.

GRATINADO (o AL GRATÉN): Alimento cubierto de pan rallado, queso rallado o alguna salsa, que se dora al horno.

GRILLÉ: A la parrilla.

HIDRATAR: Poner un producto, desecado, en agua para que recupere agua y adquiera una consistencia blanda.

JARRETE: Parte de la pierna de ternera, vaca o buey, desde debajo de la rodilla hasta la articulación inferior. El de ternera, cortado en rodajas y con el tuétano, se utiliza para hacer el osobuco.

JENGIBRE: Planta de la India, de la familia de las cingiberáceas. Se utiliza en muchas de las elaboraciones asiáticas y como condimento en la cocina japonesa, al natural o macerado. Se le atribuyen propiedades afrodisíacas.

JULIANA: Cualquier alimento cortado en forma de tiras finas y alargadas, de 1 o 2 mm de espesor. Sopa que se elabora con verduras así troceadas.
KUMQUAT: Cítrico de pequeño tamaño, como una aceituna redonda, originario de China y Vietnam.
LACÓN: Paleta de cerdo curada en sal o fresca. Ingrediente básico de uno de los platos más típicos de Galicia, el lacón con grelos.
LAGARTO IBÉRICO: Es la parte del cerdo más pegada al costillar. Es una carne que se extrae en tiras y es muy jugosa por tener una buena parte grasa.
LAMPREA: Pez del que se conocen dos variedades: una de mar y otra de río; es similar a la anguila y de carne muy apreciada.
LECHAL: Animal (por lo general, cordero o ternera) alimentado exclusivamente de leche materna.
LECHÓN (o COCHINILLO): Cría del cerdo que aún mama.
LICUAR: Hacer líquido un ingrediente sólido o gaseoso.
MACADAMIA: Fruto seco conocido también como nuez australiana. La semilla de este fruto se suele vender natural, tostada o salada. Su sabor es cremoso, aromático y ligeramente dulce. Puede recordar a la almendra.
MACERAR: Dejar un alimento en reposo en una mezcla líquida de sustancias aromáticas; procedimiento muy utilizado para las frutas, bañándolas en vino, licor, azúcar, etc.
MAGRET: Pechuga de pato u oca de piezas especialmente engordadas para la obtención del fuagrás; debe presentarse con la piel y grasa subcutánea y se suele preparar a la parrilla, acompañado de alguna salsa.
MANTECADA: Dulce de masa esponjosa elaborada con harina, huevos, manteca de vaca y azúcar, horneada en pequeñas porciones cuadradas.
MANTECADO: Bollo amasado con manteca de cerdo. Helado elaborado con leche, huevos y azúcar.
MARINADO: Adobado, puesto en adobo.
MARINERA, A LA: Forma de preparar algunos pescados o mariscos, con cebolla, ajo, perejil, pimienta y vino blanco.
MARMITAKO: Guiso marinero que se prepara en cazuela (marmita), a base de atún o bonito con patatas y pimiento verde. Típico del País Vasco.
MARRÓN GLAÇÉ: Castañas confitadas con azúcar.
MAZAPÁN: Dulce elaborado a partir de una masa de almendras molidas y azúcar, horneada; se presenta en formas diversas.
MENESTRA: Guiso de hortalizas variadas, rehogadas con trozos de carne o jamón.
MERENGADA, LECHE: Leche con claras de huevo, azúcar y canela en rama. Se toma helada.
MEUNIÈRE: Salsa a base de mantequilla, perejil y zumo de limón.
MICHIRONES: Plato a base de habas cocidas a fuego lento con hueso de jamón, chorizo, guindilla o ñora, laurel, sal y pimienta. Típico de Murcia.
MIGAS: Plato a base de pan duro desmenuzado, humedecido en agua o leche y rehogado en aceite con ajo, pimentón y otros ingredientes (chorizo, torreznos...); se sirven con uvas, huevos fritos, etc. Varía según la región.
MILANESA, A LA: Preparación a base de huevo batido y queso de Parma rallado con que se rebozan los alimentos antes de freírlos.
MILHOJAS: Pastel de hojaldre de capas muy finas superpuestas, con distintos rellenos como crema pastelera o merengue.
MIRIN: Vino japonés derivado del arroz con bajo contenido en alcohol y algo dulce.
MOJAMA: Carne de atún, desecada y en salazón.
MOJO: Salsa típica canaria que se sirve como acompañamiento de las papas arrugadas y de otros platos. Hay diversos tipos. **Mojo colorado.** En un mortero se majan ajos, sal, guindilla, cominos y pimentón, y se añade aceite, vinagre y un poco de agua. **Mojo verde.** Se elabora a base de cilantro o perejil en lugar del pimentón.
MOLLETE: Panecillo esponjoso de forma ovalada. Típico de Antequera (Málaga).
MONDONGO: Dícese de los intestinos y panza de las reses, principalmente del cerdo.
MORCILLO: Parte alta de las patas de los bovinos; carne apreciada, adecuada para estofados o guisos.
MORRÓN: Variedad de pimiento que se toma asado, relleno o crudo (en ensalada).

MORTERUELO: Consiste en elaborar una pasta o paté con hígado de cerdo, carne de ave y otros despojos machacados, ajos, pan rallado y especias. Plato típico manchego.
MOUSSE: Espuma. Preparación a base de claras de huevo batidas o nata y otros ingredientes (dulces o salados).
MÚJOL: Pez de carne blanca y sabrosa; sus huevas se utilizan como sucedáneo del caviar. Abunda en el Mediterráneo.
MUSELINA: Salsa a la que se añade nata batida para que resulte más fina.
ÑORA: Variedad de pimiento pequeño y redondo, picante, que normalmente se consume seco como condimento; muy utilizado en Levante.
OBLEA: Hoja muy fina de masa de harina y agua, cocida.
ORICIO: En Asturias, erizo de mar.
ORZA, A LA: Forma de conservar embutidos y carnes en grasa, en una vasija de barro (orza).
OSOBUCO (U OSSOBUCCO): Plato de origen italiano, elaborado con rodajas de la pierna de ternera, cortadas con el hueso y sin extraer el tuétano, estofadas en su jugo. Se suele acompañar con arroz blanco.
OSTIÓN: Especie de ostra, de mayor tamaño que la común y sabor menos fino.
PAELLA: Plato a base de arroz con carnes, pescados, mariscos, verduras, etc. Toma el nombre de la denominación clásica del recipiente amplio y de escasa altura en el que se elabora. Típico de la Comunidad Valenciana.
PANACHÉ: Mezcla de diferentes ingredientes, ya sean dulces o salados; normalmente se elabora con vegetales cocidos.
PAPAS ARRUGADAS: Patatas típicas de Canarias; se cuecen sin pelar en agua con sal, se escurren y se dejan al fuego unos minutos para que se sequen y arruguen; se suelen acompañar con mojo.
PAPILLOTE, EN: Cocción en el horno de carnes o pescados condimentados y envueltos en papel de aluminio o engrasado.
PARFAIT: Helado perfumado elaborado con mantecado y nata batida.
PARGO: Pez de carne blanca y delicada, popular en la cocina andaluza.
PENCAS: Troncho o tallo de ciertas hortalizas como la acelga, el apio, etc. Se suelen preparar rellenas, rebozadas...
PENNE: Pasta cilíndrica y alargada similar al macarrón, cortada en diagonal.
PEPITORIA: Guiso de ave, incluyendo los menudos, con una salsa que se traba con almendras y azafrán, entre otros ingredientes, y la imprescindible yema de huevo.
PERRECHICO (o PERRETXIKO): Seta de primavera, de Orduña o de San Jorge, muy apreciada en el País Vasco.
PETIT CHOUX: Pastelitos de pasta choux, con rellenos dulces (crema, nata, trufa...) o salados.
PICADILLO: Lomo de cerdo picado y adobado para embutidos. Carne o cualquier otro alimento finamente picado. Guiso que se hace con carne picada, tocino, ajo, verduras, huevo batido y especias como, por ejemplo, el pimentón.
PICANTONES: Pollos de raza enana.
PICHÓN: Paloma joven.
PILPIL, AL: Preparación típica del País Vasco, que consiste en preparar (normalmente, bacalao, angulas o cocochas) con ajos, aceite de oliva y guindilla; en una cazuela de barro y a fuego lento se remueven constantemente los ingredientes hasta obtener una salsa compacta.
PIONONO: Bizcochito relleno de crema pastelera y espolvoreado con azúcar. Originario de Santa Fe (Granada).
PIPARRA: En el País Vasco, especie de guindilla verde en vinagre, no muy picante y con un toque dulce. En Rioja se conoce como alegría y suele ser picante.
PIPERRADA: Preparación típica vasca, que consiste en rehogar pimientos con cebolla, ajos y tomate, añadiendo huevos batidos al final, de forma similar a un revuelto; se puede servir sola o sobre lonchas de jamón.
PIPIRRANA: Ensalada de pimientos, tomates, cebolla, pepino y atún o bacalao. Se aliña con aceite de oliva y vinagre.
PIQUILLO, PIMIENTO DEL: Variedad de pimiento rojo, pequeño y muy fino de sabor. Suelen tomarse asados, pelados y despepitados, o rellenos. Muy apreciados los de la D. O. Pimiento del Piquillo de Lodosa (Navarra).
PISTO: Fritada de pimiento, cebolla, tomate, ajo, calabacín, berenjena, etc. Típico de la Mancha.

PIXÍN: Rape, en Asturias.
POCHAR: Cocinar a fuego lento ingredientes para que se ablanden sin que cojan color.
POCHAS: Alubias blancas recién desgranadas que se cocinan frescas.
POCHÉ: Escalfado.
POLVORÓN: Dulce de manteca, harina y azúcar que se deshace en polvo al comerlo. Típico de Navidad.
POTE: Potaje de Galicia y Asturias, a base de judías blancas, verduras, carne de cerdo, patatas, embutidos, etc.
PRESA: Parte delantera o trasera del lomo del cerdo ibérico, que se comercializa fresca o curada. En según qué poblaciones de España se denomina de forma diferente: cabecero, lomito o entraña.
PROFITEROLES: Pastelillos pequeños de pasta choux, rellenos de crema pastelera o nata montada, normalmente servidos con chocolate caliente por encima.
PROVENZAL, A LA: Manera de cocinar determinados alimentos, con ajo, aceite de oliva y tomate. De origen mediterráneo.
PUCHERO: Olla, cocido, potaje.
PUDIN (o PUDDING): Preparación dulce o salada, de consistencia similar al flan, a la que se añaden diversos ingredientes.
PUNTILLAS (o PUNTILLITAS): Chopitos enharinados y fritos, en Cádiz.
PURRUSALDA (o PORRUSALDA): Sopa típica vasca, con puerros, patatas y bacalao.
QUESADA: Dulce elaborado con queso fresco, miga de pan, leche, huevos y azúcar. Típico de Cantabria.
QUISQUILLA: Crustáceo de color rojo fuerte y de tamaño pequeño, de la misma familia que el camarón.
RABAS: Trozos de calamar rebozados en harina y fritos.
RACLETTE: Preparación típica del cantón del Valais (Suiza), que consiste en fundir determinados quesos con un aparato especial (raclette); se prepara en la mesa y cada comensal tiene una bandejita para fundir queso, que una vez derretido verterá sobre patatas cocidas.
RAGÚ (o RAGOÛT): Estofado de carne, pescado, hortalizas o aves, cortados en trozos pequeños.
RAYA: Pez de carne blanca, fibrosa y con fuerte sabor.
REHOGAR: Técnica culinaria que consiste en cocer a fuego lento en un recipiente tapado, totalmente o en parte, de manera que los alimentos liberen su humedad.
RIOJANA, A LA: Preparación típica de la Rioja, a base de tomate, cebolla, ajos, pimientos, especias, etc.
RISOTTO: Plato italiano compuesto de arroz, con un punto cremoso.
ROMESCO: Salsa típica de Tarragona a base de tomate, cebolla, ajos, pimiento de romesco y especias. Guiso, generalmente de pescado, al que se le añade esta salsa.
ROPA VIEJA: Guisado de carne sobrante de la olla.
SAKE: Bebida alcohólica japonesa que se elabora mediante la fermentación del arroz.
SAL, A LA: Preparación, generalmente para pescados, típica del Mar Menor. El pescado se envuelve en sal gorda humedecida y se asa en el horno.
SALAZÓN: Procedimiento que consiste en salar carnes o pescados para conservarlos.
SALMOREJO: Variedad de gazpacho. Puré obtenido majando ajos, miga de pan, tomate, aceite de oliva, sal, vinagre y agua. Típico de Córdoba.
SALPICÓN: Carnes, pescados o mariscos, desmenuzados y aliñados. Alimentos desmenuzados y ligados con una salsa, que se utilizan como relleno.
SASHIMI: Plato japonés de pescado crudo, acompañado con diversas salsas o aderezos.
SECRETO: Pieza del cerdo ibérico, denominada así por encontrarse debajo de la paletilla y estar «tapada» por la pluma.
SENDERUELAS: Setas que crecen en las sendas y veredas, de carne dura y delicado aroma.
SOBAO: Bizcocho dulce y esponjoso. Típico de la Vega del Pas (Cantabria).
SOLDADITOS DE PAVÍA: Tiras de bacalao rebozadas con harina y huevo, y fritas. Típicos de Madrid y Andalucía.
SORBETE: Helado de agua y fruta, generalmente batido con algún licor para presentarlo como bebida helada.
STEAK TARTARE: Plato de solomillo de buey crudo, picado y sazonado con especias, y acompañado de alcaparras,

cebolla, pepinillos, yema de huevo y perejil, todo ello bien cortadito y mezclado. Se consume crudo, ocasionalmente sobre rebanadas de pan tostado.

SUFLÉ (o SOUFFLÉ): Plato dulce o salado, elaborado con yema de huevo y claras montadas a punto de nieve.

SUPREMA: Mejor parte de una pieza, de carne, ave o pescado, sin pellejo, espinas ni huesos.

SUQUET: Guiso marinero, puede prepararse con distintas clases de pescados y mariscos. Plato típico catalán.

T-BON (o T-BONE STEAK): Corte de carne del lomo bajo del buey o la vaca, con hueso y parte del solomillo, en forma de T. Típico de Estados Unidos.

TÁRTARA, SALSA: Mayonesa con huevo duro, cebolla, alcaparras, pepinillos y perejil, todo ello muy picado.

TATIN: Tarta de manzana (algunas veces también de pera) sobre hojaldre, de origen francés.

TEJAS: Pastas curvadas y finas, de masa de avellanas o almendras, cocidas al horno fuerte.

TEMPURA: Consiste en rebozar y freír pescados, mariscos y vegetales. Plato japonés.

TERIYAKI: Salsa de sabor agridulce que se elabora con mirin (vinagre japonés) y sake

TERNASCO: Cordero lechal, en Aragón.

TERNILLA: Cartílago que se encuentra en la extremidad del pecho de ciertos animales (ternera...).

TERRINA (o TARRINA): Denominación dada a los alimentos que se cocinan dentro de los recipientes así llamados.

TIMBAL: Masa de harina y manteca que se rellena con carne u otros alimentos y se hornea en un recipiente, generalmente, redondo o con forma de cubilete.

TIRABEQUE: Variedad de guisante, nativa de la cuenca del Mediterráneo y Asia, cuyos frutos de legumbre se consumen frescos en primavera.

TOCINO DE CIELO: Dulce elaborado con yema de huevo y azúcar.

TORTA DEL CASAR: Queso artesano de la provincia de Cáceres, elaborado con leche de oveja churra. Para consumirlo se realiza un corte superior en forma de tapa, y por ahí se extrae su cremosa pasta interior.

TOSTÓN: Cochinillo asado. Rebanada de pan tostado con aceite, ajo y sal.

TOURNEDÓ: Filete del centro del solomillo (vacuno) cortado grueso y en forma de medallón.

TRIGUERO: Espárrago verde.

TRUFA: Variedad muy aromática de hongo subterráneo. Las más apreciadas son la trufa negra del Périgord (Francia) y la blanca del Piamonte (Italia). Pequeño bomboncito de forma esférica, de chocolate, mantequilla y otros aromas o ingredientes.

VAINA: Judía verde.

VENTRESCA: Vientre de los pescados, generalmente, del atún o del bonito.

VERDEL: Caballa.

VICHYSSOISE: Crema fría de origen francés, a base de patatas, puerros, caldo de ave, mantequilla, nata líquida, sal y pimienta.

VIEIRA: Molusco de valvas desiguales, con carne firme de sabor delicado. Se suele preparar con ajo, perejil y cebolla, y se gratina al horno con pan rallado.

VIEJA: Pez de carne blanca, delicada y sabrosa, que abunda en las costas canarias.

VILLAGODIO: Chuletón de entrecot de vaca o de buey (mínimo unos 600 g) a la parrilla.

VINAGRETA: Salsa elaborada esencialmente con aceite, vinagre y sal; se puede añadir cebolla, tomate, pimiento...

VIZCAÍNA, A LA: Preparación a base de pimiento choricero y cebolla, que se aplica a platos de carne, pescado u hortalizas. Típico del País Vasco.

VOLOVÁN (o VOL-AU-VENT): Pastel de hojaldre, con un hueco destinado para los diferentes rellenos (dulces o salados).

WRAP: Bocadillo o sándwich elaborado con un pan plano o tortilla que se puede enrollar. Generalmente, rellenos de vegetales, carnes y salsas.

ZAMBURIÑA: Especie de vieira, pero más pequeña.

ZARAJO: Tripa de cordero trenzada, aderezada y asada al horno; se conserva colgado al humo.

ZARANGOLLO: Especie de pisto a base de verduras, elaborado esencialmente con calabacín, cebolla y huevos. Típico de Murcia.

ZARZUELA: Plato de origen catalán, a base de pescados y mariscos variados. Cuando incluye langosta se denomina ópera.

Índice alfabético de recetas